时间的模样

曹文轩 编

山东画报出版社

图书在版编目（CIP）数据

时间的模样 / 曹文轩编. --济南: 山东画报出版社, 2021.6
（语文第二课堂：拓展阅读版）
ISBN 978-7-5474-3852-7

Ⅰ. ①时… Ⅱ. ①曹… Ⅲ. ①阅读课－小学－课外读物
Ⅳ. ①G624.233

中国版本图书馆CIP数据核字(2021)第052322号

SHIJIAN DE MUYANG
时间的模样

（语文第二课堂：拓展阅读版）
曹文轩　编

责任编辑　王一诺　李　双
封面设计　王　芳　李　娜
插画绘制　黄　捷

出 版 人　李文波
主管单位　山东出版传媒股份有限公司
出版发行　山东画报出版社
　　　　社　　　址　济南市市中区英雄山路189号B座　邮编 250002
　　　　电　　　话　总编室（0531）82098472
　　　　　　　　　　市场部（0531）82098479　82098476（传真）
　　　　网　　　址　http://www.hbcbs.com.cn
　　　　电子信箱　hbcb@sdpress.com.cn
印　　刷　山东新华印务有限公司
规　　格　165毫米×235毫米　1/16
　　　　　　12印张　50幅图　130千字
版　　次　2021年6月第1版
印　　次　2021年6月第1次印刷
书　　号　ISBN 978-7-5474-3852-7
定　　价　180.00元（全六册）

如有印装质量问题，请与出版社总编室联系更换。

序　言

　　无论是中国的语文教学大纲、课程标准还是国外的语文教学大纲、课程标准，也无论是哪一时代的语文教学大纲、课程标准，都无一例外地将学习语文的目的确定为：培养学生的语言文字表达能力。相对于"人文性"这一概念，我们将这一点说成是语文的"工具性"。这么说没有问题——问题是我们对"工具性"的理解是不够的。在我们的感觉中，"工具性"似乎是一个与"人文性"在重要性上是有级别差异的概念。我们在说到"工具性"时往往都显得不那么理直气壮，越是强调这一点就越是觉得它是一个矮于"人文性"的观念，只是我们不得不说才说的。其实，这里的"工具性"至少是一个与"人文性"并驾齐驱的概念。离开语言文字，讨论任何问题几乎都是没有意义的。另外我们有没有注意到，语言文字根本上也是人文性的。难道不是吗？二十世纪哲学大转型，就是争吵乃至恶斗了数个世纪的哲学忽于一天早晨都安静下来面对一个共同的问题：语言问题。哲学终于发现，所有的问题都是通向语言的。不将语言搞定，我们探讨真理几乎就是无效的。于是语言哲学成为几乎全部的哲学。一个个词，一个个句子，不只是一个个词，一个个句子，它们是存在的状态，是存在的结构。海德格尔、萨特、加缪、维特根斯坦等，将全部的时间用在了语言和与语言相关的问题的探讨上。甚至一些作家也从哲学的角度思考语言的问题，比如米兰·昆德拉。他写小说的思路和方式很简单，就是琢磨一个个词，比如"轻"，比如"媚俗""不朽"等。他告诉我们，一部小说只需要琢磨一两个词就足够了，因为所有的词都是某种存在状态，甚至是存在的基本状态。

从前说语言使思想得以实现，现在我们发现，语言本身就是思想，或者说是思想的产物。语言与思维有关。语言与认知这个世界有关，而认知之后的表达同样需要语言。语言直接关乎我们认知世界的深度和表达的深刻。文字使一切认识得以落实，使思想流传、传承成为可能。

从这个意义上说，语言文字能力，是一个健全的人的基本能力。而语文就是用来帮助人形成并强化这个能力的。为什么说语文学科是一切学科的基础，道理就在于一个人无论从事何种职业，都必须以很好的语言文字能力作为前提。因为语言文字能力与认知能力有关。

但要学好语文，只依赖于语文教科书恐怕是难以做到的。

语文教科书只是学好语文的一部分，甚至说是很有限的一部分。语文教学是语文学习的引导，老师们通过分析课文，让学生懂得如何阅读和分析课义，如何掌握语言文字去对世界进行思考和如何用语言文字去表述这个世界。但几本语文教科书能够提供给学生的学习文本是十分有限的，仅凭这些文本，要达到理想的语文水平是根本不可能的。语文能力的形成和语文水平的提高，必须建立在广泛而深入的课外阅读上——语文教材以外的书籍阅读上。许多年前我就和语文老师们交谈过：如果一个语文老师以为一本语文教材就是语文教学的全部，那么，要让学生学好语文是不可能的。从讲语文课而言，语文老师也要阅读大量教材以外的书籍，因为攻克语文这座山头的力量并不是来自语文教科书本身，而是来自其他山头——其他书籍，这些山头屯兵百万，只有调集这些山头的力量才能最终攻克语文这座山头。对学生而言，只有进行广泛而深入的课外阅读，才能深刻领会语文老师对语文教科书中的文本讲解，才能让语文教科书发挥应有的作用。

人类历史数千年，写作作为一种精神活动的历史也已十分漫长，天下好文章绝不是语文教科书就能容纳下的。所以，我们只有以语文教科书为依托，尽可能地阅读课外的书籍。但问题来了：这世界上的书籍浩如烟海、满坑满谷，一个人是不可能将其统统阅读尽的，即便是倾其一生，也不可能；关键是这些书籍鱼龙混杂，不是每一本、每一篇都值得劳心劳力去阅读的。这就要由一些专门的读书人去为普通百姓选书，而对于中小学生而言，就更需要让有读书经验的人为他们选择书籍了，好让他们将宝贵的时间用在最值得阅读的书籍上。

对于小学生而言，自由阅读固然重要，但有指导的阅读同样重要，甚至说更加重要。这套书就是基于这样的理念编写成的。参与这套书编写的有专家学者，有一线的著名语文老师，我们的心愿是完全一致的：尽可能地将最好的文本集中呈现给孩子们，然后精心指导他们对这些文本加以阅读。从某种意义上说，这套书是因教科书而设置的语文课堂的延续和扩展——语文的第二课堂。

曹文轩

2019年4月29日于北京大学

目　录

别样的诗歌气息

多少长　　　　　　　　　　圣　野　002

烦　忧　　　　　　　　　　戴望舒　004

正月要把龙灯耍　　　　　　民　谣　006

十二生肖歌　　　　　　　　鲁　兵　008

生活在大地，热爱人间

民　歌　　　　　　　　　　余光中　012

我爱这土地　　　　　　　　　　　艾　青　016

活在珍贵的人间　　　　　　　　　　海　子　018

热爱生命　　　　　　　　　　　　　汪国真　021

这是怎么回事？

找珍珠　　　　　　　　　　　　　　王若英　026

笨狗熊请客　　　　　　　　　　　　樊发稼　029

东东西西打电话　　　　　　　　　　梅子涵　032

明明明明明明　　　［德］于尔克·舒比格　035

你赔我的呼噜　　　　　　　　　　　冰　波　038

与你相遇多么幸运

丁丁的一次奇怪旅行　　　　　　　　严文井　048

童话园　　　　　　　　　　　　　　张　洁　077

海滨的孩子　　　　　　　　　　　　萧　平　087

兔　子　　　　　　　　　　　　　　季羡林　102

生活在别处

小企鹅和爸爸　　　　　　　　　　　张秋生　110

人畜共居的村庄　　　　　　　　　　刘亮程　113

听树生长的人　　　［英］依列娜·法吉恩　118

将你镌刻在心里

妈妈，姥姥替你陪着我呢　　　　　　王馨漪　126

全世界的人都知道我丢了　　　　　　李　娟　132

我与祖父　　　　　　　　　　　　　萧　红　139

油纸伞　　　　　　　　　　　　　　彭学军　145

写信悄悄说

写给从未平凡的爸爸　　　　　孙雅欣　162

爸爸愿意哄着你长大　　　　　曹文轩　169

严歌苓给父亲的信　　　　　　严歌苓　174

别样的诗歌气息

多少长

圣　野

白天多少长？

太阳拿只圆规，

一点一点画过去。

春天多少长？

燕子拿把剪刀，

一寸一寸剪过去。

秋天多少长？

蟋蟀按住琴弦，

一节一节弹过去。

　　这首诗独出心裁，将白天、春天、秋天具体化，将太阳、燕子、蟋蟀人格化，运用拟人手法和动作描写，写出了三"天"的特点和代表物。句式工整，语言清新，仿佛让读者看到季节里的时间随着太阳方位的变化而流逝，不因任何事物改变自己的脚步。春天，翠柳拂头、藻荇交横，燕子在天地间自由飞翔，伴着似剪刀的二月春风告诉我们春天的长度；秋天，草木萧萧，世界呈现出可爱的金黄色，蟋蟀在草丛中纵声歌唱，仿佛能唱出秋天的乐曲。读罢此诗，顿觉大自然十分明朗，时间无比诗意。你最喜欢哪个季节呢？能不能写一首小诗描绘其景色呢？

导读

下面这首诗的结构非常巧妙，简简单单的几句诗，却道出了无尽的烦忧。忧郁是他诗歌的情感基点。一起来感受吧。

烦　忧

戴望舒

说是寂寞的秋的清愁，

说是辽远的海的相思。

假如有人问我的烦忧，

我不敢说出你的名字。

我不敢说出你的名字，

假如有人问我的烦忧：

说是辽远的海的相思，

说是寂寞的秋的清愁。

你发现《烦忧》这首诗的艺术特点了吗？这首新诗其实是由两组诗对称排列构成的。这样一种韵律和谐的形式使诗歌所要表达的"烦忧"和"相思"绵延不绝。请你再朗诵这首诗，体会一下这种创作手法。

导读

正月看灯会，二月放风筝，三月插柳枝……读一读这首民谣，看一看其他月份人们在干什么呢？

正月要把龙灯耍

民　谣

正月要把龙灯耍，

二月要把风筝扎，

三月清明把柳插，

四月牡丹正开花，

五月龙桥下河坝，

六月要把扇子拿，

七月双星桥上会，

八月中秋闻桂花，

九月重阳登高去，

十月初十打糍粑，

冬天天寒要烤火，

腊月过年把猪杀。

牵手阅读

你知道农历和阳历的区别吗？农历是我国传统历法，至今还在使用，比如春节是农历的新年，而元旦是阳历的新年。农历的一年也有十二个月份，每个月都有独特的传统文化习俗。这首民谣从一月开始，趣味性地介绍了我国农历十二个月份的传统习俗。通过阅读，你了解每个月的传统习俗代表什么含义了吗？

导读

　　子鼠、丑牛、寅虎、卯兔、辰龙、巳蛇、午马、未羊、申猴、酉鸡、戌狗、亥猪，是我国的十二生肖，是老祖宗留下来的传统民俗文化。每个中国人都有自己的属相。你了解自己属相的传说吗？

十二生肖歌

鲁　兵

老鼠前面走，

跟着老黄牛，

老虎一声吼，

兔子抖三抖，

天上龙在游，

草里蛇在扭，

马儿过山沟，

碰见羊老头，

猴子翻筋斗，

金鸡喊加油，

黄狗半夜守门口，

肥猪整天睡不够。

 牵手阅读

　　十二生肖，又叫十二属相，与十二地支相配表示人出生年份的十二种动物，是中华传统民俗文化独特的体现，反映了我国古代人民的智慧。这首《十二生肖歌》清楚地介绍了十二生肖，可以在轻松愉快的歌谣中，了解传统生肖文化。你现在知道十二生肖是由哪些动物组成的了吗？

生活在大地，热爱人间

时间的模样

黄河是中华民族的母亲河，象征着民族精神的起源。从黄河到长江，一首首民歌唱着的不仅是河流，也是民族精神的成长之路。

民　歌

余光中

传说北方有一首民歌

只有黄河的肺活量能歌唱

从青海到黄海

风　也听见

沙　也听见

如果黄河冻成了冰河

还有长江最最母性的鼻音

从高原到平原

鱼　也听见

龙　也听见

如果长江冻成了冰河

还有我，还有我的红海在呼啸

从早潮到晚潮

醒　也听见

梦　也听见

有一天我的血也结冰

还有你的血他的血在合唱

从 A 型到 O 型

哭　也听见

笑　也听见

牵手阅读

这首诗以民歌为民族精神的指代，以河流的流动和转换为民歌传唱的载体，构成了诗人对民族精神的赞美。诗歌节奏明快，循环往复，一唱三叹，具有民族特色。你还了解诗人的哪些作品？

导读

你爱我们的国家吗？你是否了解日军侵略中国的那段屈辱历史？让我们跟随诗人的满腔热忱，透过他敏锐的目光，来抚摸祖国大地，感受心灵的震颤。

我爱这土地

艾　青

假如我是一只鸟，

我也应该用嘶哑的喉咙歌唱：

这被暴风雨所打击着的土地，

这永远汹涌着我们的悲愤的河流，

这无止息地吹刮着的激怒的风，

和那来自林间的无比温柔的黎明……

——然后我死了，

连羽毛也腐烂在土地里面。

为什么我的眼里常含泪水？

因为我对这土地爱得深沉……

 牵手阅读

艾青（1910—1996），现当代文学家、诗人。《我爱这土地》作于1938年，日军侵略，武汉失守，作者满怀对国家风雨飘摇的悲愤和痛心疾首，化身为一只鸟，用"嘶哑的喉咙"为国歌唱。死后，"连羽毛也要腐烂在土地里面"，表达了作者对国土深沉的爱意。联系历史和作者本人的经历，想一想为何本诗的情感如此浓烈和悲壮？

导读

太阳，碧波，青草，花语。这人间充满诗情画意，这人间充满幸福甜蜜。生活在珍贵的人间，珍惜我们所拥有的一切，跟着海子的诗一起品味人间的幸福。

活在珍贵的人间

海　子

太阳强烈

水波温柔

一层层白云覆盖着

我

踩在青草上

感到自己是彻底干净的黑土块

活在这珍贵的人间

泥土高溅

扑打面颊

时间的模样

活在这珍贵的人间

人类和植物一样幸福

爱情和雨水一样幸福

 牵手阅读

海子，当代诗人，代表作有《面朝大海，春暖花开》《以梦为马》等。海子把自己看作泥土，泥土高溅，扑打面颊，这在一般人看来并不幸福，而作者却称颂它。这首诗写出了海子对于美好生活、幸福人间的热爱。无论前方多迷茫，都请保持一颗炽烈的心，去珍爱这个美好的世界！认真品读这首诗，谈一下你对这首诗的理解。

人生短短数十载，常因琐事而烦恼。当挫折和困难阻碍了你前进的脚步，请记得，既然选择了远方，便只顾风雨兼程。

热爱生命

汪国真

我不去想是否能够成功

既然选择了远方

便只顾风雨兼程

我不去想能否赢得爱情

既然钟情于玫瑰

就勇敢地吐露真诚

我不去想身后会不会袭来寒风冷雨

既然目标是地平线

留给世界的只能是背影

我不去想未来是平坦还是泥泞

只要热爱生命

一切，都在意料之中

 **牵手阅读**

这是一首广为流传的诗，充满了励志和坚定的感情色彩。从文学色彩上看，全诗语言真切、明朗亮丽，用了四个较为工整的排比诗节来展现其内容，对称性强且富于音律美；从感情色彩上看，这首诗鼓舞人心，告诫处于困难中的人们，勇敢起来，风雨兼程。其实，当时汪国真正处于人生的低谷期，自己的作品屡次被退稿，他看不到方向，但坚信未来值得期待的汪国真写下了这首诗。终于，这首诗取得成功，鼓舞了一代又一代人。阅读全文，你最喜欢的是哪几句？请简要分析。

这是怎么回事？

导读

　　荷花妹妹的珍珠不见了，她找遍了整条小河都没找到，小雨找不到，太阳公公也找不到，为什么最终月亮姐姐送回了珍珠呢？

找珍珠

王若英

　　荷花妹妹有三颗晶莹的珍珠，她可喜欢啦！

　　清风吹，荷叶摇，叮咚一声，一颗珍珠滑下河，溅起一朵小水花。

　　河水忙掀起浪花，帮着荷花妹妹找珍珠。

　　河水没找着，请小鱼帮着找，小鱼潜到水底找啊找，还是没找着。

　　太阳出来了，荷花妹妹请太阳公公帮着找，太阳说："让我瞧瞧珍珠是啥模样。"

　　荷花妹妹把珍珠给太阳公公细细瞧，奇怪，珍珠"冒烟"了，没了。荷花妹妹哭了。

太阳不知道珍珠是怎么不见的，觉得很对不起荷花妹妹，就让小青蛙请月亮姐姐找珍珠，月亮笑着说："不用找，珍珠会回来的。"

　　天黑黑，夜凉凉，珍珠回来啦！荷花妹妹笑啦！

　　荷花妹妹高兴地说："谢谢月亮姐姐送回珍珠，我一定不让珍珠再丢了。"

　　月亮笑着问青蛙："荷花妹妹说得对不对？"

　　荷花妹妹的珍珠不小心滴落到了河里。河水找不到，是因为珍珠与浪花融合在了一起，难以分辨；太阳公公找不到，是因为太阳温度过高，珍珠蒸发了，不见踪影；月亮姐姐能找到，是因为到了夜晚气温降低，新的珍珠又重新形成了。作者采用拟人的手法，将简单的自然现象融入生动的故事中，赋予大自然人的情态，活泼有趣。那么小朋友们，你们猜出来"珍珠"是什么了吗？

笨狗熊请客

樊发稼

笨狗熊有好多朋友：

山猴啦，羚羊啦，野猪啦，斑马啦，犀牛啦，兔子啦，花猫啦，等等。

笨狗熊要在他生日那天请朋友们来吃饭。

笨狗熊刚刚搬过家，大伙儿都不知道他现在住的房子在哪儿。

他决定给每一个朋友写一封信。

他寻思，我应该在信上把我家新房子的标记告诉朋友们。

笨狗熊走出房子看了看，瞅见房顶上正栖息着一只白色的鸽子。

笨狗熊高兴极了，不禁自言自语地说："对，就这样！我在信上说，我家房顶上有一只白鸽，这就是标记。这样，朋友们一定很容易认出我的新房子了！"

生日那天，笨狗熊为朋友们准备了十分丰盛的饭菜。屋里屋外收拾得整整齐齐，打扫得干干净净。

但是，笨狗熊从清早一直等到天黑，始终不见一个客人来。他纳闷极了，也伤心极了。

——这究竟是怎么回事呢？

聪明的小朋友，请你开动脑筋想一想。

牵手阅读

故事中的笨狗熊热情好客，准备了丰盛的饭菜招待好朋友们，但是所有的小动物朋友都没能顺利找到它新家的位置，这是因为笨狗熊以一只栖息在房顶上的白鸽为标志，但白鸽并不是静止不动的事物，它随时都会飞走移动，因此并不适合作为地标。这也启示我们，不能静止不动地看待事物，而要全面考虑事物的属性和不同时间下的状态。所以小朋友们，如果遇到类似的情况，你们会选择什么样的事物作为地标呢？

导读

　　现在是一个通信发达的时代，电话、短信、微信、QQ……通信方式多种多样。你跟朋友打电话的时候会聊什么内容呢？东东和西西是一对好朋友，他们是怎么打电话的呢？

东东西西打电话

梅子涵

　　东东和西西同时从家里跑出来。东东是去找西西的，西西是去找东东的，他们在路上碰见了。

　　东东说："西西，我告诉你，我家装电话了。"

　　西西说："东东，我也告诉你，我家也装电话了。"

　　"我现在就给你打电话。"

　　"好！我也给你打电话。"

　　东东和西西跑回家，同时拿起了电话。咳！忘记问电话号码了！他们就奔出来，又在路上碰到了，你问我，我问你，"你家的电话号码是多少？"然后又记着号码往家里奔去。

东东念叨着西西的号码，按着电话钮，听见的是"嘟——嘟——嘟"的声音，没有听见西西问："喂，你是东东吗？"

西西也一样，听见的只是"嘟——嘟——嘟"的声音，没有听见东东问："喂，你是西西吗？"他们打了好久，全是"嘟——嘟——嘟"。东东想："她家的电话怎么一直是嘟嘟嘟的。"西西想："他家的电话怎么一直是嘟嘟嘟的。"忽然，他们都明白了，这是忙音。

"西西在打给我，所以，我打过去要嘟嘟嘟了。"东东心里说。

"东东在打给我，所以，我打过去要嘟嘟嘟了。"西西心里说。

于是，他们又都聪明起来，谁也不先打了。东东想：让西西先打过来吧。西西想：让东东先打过来吧。他们就这样趴在桌上等着……

牵手阅读

　　这是一个幽默有趣的小故事，故事里的东东和西西给彼此打电话却总是占线，然后又一起等对方的电话，这两个小朋友是不是看起来有一点笨笨的呢？其实不是哦，故事里东东和西西之间有非常纯真的友情，他们都很希望能跟对方聊天，才会一直占线；又害怕错过对方的电话，才趴在桌上等，所以才有了这个可爱的小故事。你也有这样的好朋友吗？

导读

有一个爸爸，他给大儿子取名叫明，给二儿子取名叫明明，给三儿子取名叫明明明，如果他要同时叫三个儿子的话，该怎么办呢？

明明明明明明

[德] 于尔克·舒比格

有一个爸爸有三个儿子，三个儿子长得一模一样。

老大叫作明，老二叫作明明，老幺叫作明明明。三个儿子常常在花园里玩，到了吃饭的时候，爸爸就会叫他们。如果是要叫三个儿子，他就大喊："明明明明明明。"后来，爸爸想到了比较简单的叫法：明明明。因为明明明这个名字有三个字，而且包含了其他两个名字，明与明明。但是有时爸爸要叫老幺，三个儿子却通通跑来了。有时他是要叫三个儿子，却只有老幺跑来。更混乱的是，他叫老大明，但是老大没有反应，爸爸只好叫两次或三次，那么跑来的很可能是明明或明明明。

爸爸不得不承认，他替儿子取的名字不好。他得重新给儿子取名字，于是现在，老大叫明年，老二叫明月，老幺叫明日。

（林敏雅 译）

　　你想象过如果我们的名字都一样，会是什么情景吗？这个故事中的爸爸就经历了这种状况。明明明明明明，真是奇怪的叫法！故事里的爸爸也发现了，如果给孩子们都取同样的名字，那就会相当不方便，会出现各种意料之外的状况。生活中，我们很少遇到兄弟姐妹拥有同样的名字的情况，但作者想象出了这件可能发生的事，然后写了下来，所以我们才能看到这么一个有趣的故事。如果平时你也想象到了有趣的故事，记得及时写下来。

导读

有一个国王，他的呼噜声非常难听，以至于王后要跟他离婚。正巧王国里有一位非常厉害的医生，于是国王找到了医生，要求他治好自己的呼噜声。

你赔我的呼噜

冰　波

凡尔医生是最伟大的医生，从头发到脚指甲，人身上的任何部位发生病变，他全能手到病除。甚至连蚯蚓的骨折、青蛙的牙痛、海蜇的胃溃疡，凡尔医生也都不在话下。

有一天，凡尔医生突然被国王秘密地召去了。一路上，凡尔医生老在嘀咕：我预感到，要发生糟糕的事了。

凡尔医生进了国王的密室。

国王威严地坐着，久久地望着凡尔医生一言不发，使他感到了一阵阵紧张，头皮直发麻。

"我遇到了灾难……"国王终于开口说话了，声音里充满了委屈，眼圈红了起来。

国王还会有这副可怜相？凡尔医生吃惊得头发都竖起来了。

"王后要和我离婚了……"国王的泪水在眼眶里打转。

凡尔医生脑袋里轰的一响。这，怎么可能？王后要和国王离婚？对尊贵的、至高无上的国王来说，这是闻所未闻的丑闻啊！

"为……为什么？"凡尔医生问。

"唉，"国王叹了口气，"一下子也说不清，你先听一段录音吧。"

国王打开了录音机。喇叭里，传出了奇怪的声音：一声声又尖又响的呼啸，时而高，时而低，听起来又凄厉又悲惨，极其像猪在被杀时发出的惨叫……

天啊，凡尔医生想，多么可怕的声音，令人毛骨悚然。

"这猪叫真可怕！"凡尔医生谈感想。

"不，不是猪叫，"国王悲伤地摇摇头，"这是我睡觉时打呼噜的声音，王后就是为这个要和我离婚，她说她不能和猪在一起生活……"

国王的眼圈又红了："可我是国王啊，不是猪。叫你来，就是要你治好我的呼噜。治好了，王后就不会和我离婚了，求求你！"

凡尔医生想：我什么病都治过，就是没治过打呼噜。可是，国王这么眼泪汪汪的，我怎么好意思拒绝呢？

"我试试。"凡尔医生硬着头皮答应了。

于是，凡尔医生开始着手研究。他绞尽脑汁，夜以继日地研究，终于有了眉目。他选用了一百多种稀奇古怪的药，配制成一种新的丸药。然后，作为辅助治疗，还设计了一种非常奇特的服药方法。下面是服药方法中的一小部分细节：

国王必须穿睡衣，怀抱一个大枕头，爬上一棵直径二十厘米的梧桐树；然后，对着月亮学三声蛤蟆叫；然后，刮自己鼻子十二下；然后，爬下树，单脚跳回卧室；然后，闭左眼，瞪右眼，做深呼吸；然后……然后……然后……（以下尚有七十八个"然后"，删去）最后，躺在床上想着小时候尿床的事，同时服下丸药。

国王为了不再打呼噜，只好一样样照着做。做完所有规定的事情，用去了三个小时。国王终于睡着了……

第二天一早，凡尔医生来了，急切地问："怎么样，不像猪那样叫了吧？"国王点点头，指一指录音机，有气无力地说："你自己听吧，改成驴叫了。"

凡尔医生一按录音机，喇叭里果然发出了驴叫。一声声叫得悠长，叫得欢乐，叫得放肆，一听就知道是一头傻驴傻劲儿彻底发作时那种特有的叫。

凡尔医生吓得脸都白了。然而国王竟没有发怒，只是说："有变化就好，继续研究，去吧！"

凡尔医生赶紧溜了，回去继续研究。

"可能是丸药制得不对，再加一点药进去吧。"凡尔医生又在原先的丸药里，加进了二百多种新的成分。依旧照着上次的服药方法，国王累得汗流浃背，终于服下了新的丸药。国王睡着了……

第二天一早，凡尔医生又来了，紧张地问："陛下，这次一定是猪叫、驴叫都没有了吧？"

"混账！"国王怒容满面，"你到底搞的什么鬼？这次改成狗叫了！"

凡尔医生全身发着抖，听着录音机里发出的声音：一阵阵狗的吠叫，叫得疯狂，叫得凶恶，叫得让人起鸡皮疙瘩，一听就知道，完全是一只疯狗在叫。

凡尔医生抖得不知所措。

"滚吧！"国王大发雷霆，"下次再不能医好我的病，就枪毙你！滚！"凡尔医生连滚带爬地逃回去了。

他一阵阵出冷汗，冥思苦想，最后，终于一拍大腿，醒悟过来："对了，一定是服药的方法不对，可能是太简单了，应该再增加一点内容。"

于是，他又设计了一套更奇特、更复杂的服药方法。除原来那些基本动作外，还增加了扯头发、爬床底、跟蚂蚁谈心、给黄瓜唱歌，等等。所有的动作共分成七十二节，每节三十六个动作。

国王下了最大的决心，气喘如牛地照着规定一一去做。等到做完最后一个动作，服下了丸药，东方已经发白。

国王一头倒在床上，与其说是睡着了，还不如说是昏过去了。

奇迹终于出现了。国王睡得很安宁，呼噜声消失了。凡尔医生奇特的治疗，终于见效了！国王拥抱着凡尔医生，欢呼着："万岁！王后不会和我离婚了！"

凡尔医生到底是天才，他获得了巨大的成功。他满载着国王赐给他的礼物，回到了他的诊所。凡尔医生觉得疲乏至极，身体散了架似的。这些天，他不但发疯一样地研究，而且受了两次惊吓，脸也黄了，人也瘦了，虚弱得好像一口气就可以被吹起来，迎风飞舞。"唉，到乡下去住几天，换换空气吧。"几天以后，凡尔医生打点好行装，准备到乡下去了。

突然，门铃响了，国王的侍卫进来了，大声说道："凡尔医生，国王要立即召见你！"

凡尔医生眼前一黑。天哪，一定是国王的老毛病犯了！

当凡尔医生战战兢兢地走进国王的密室，他已经做好了死的准备。

国王见他进来，久久地凝望着他，一言不发。凡尔医生紧张得手脚冰冷，灵魂早已出窍，飞向远方。

"我遇到了灾难……王后又要和我离婚了。"国王眼圈红红地说。

"难……难道又……又发病了？"

国王悲哀地摇摇头："不，你的治疗很见效，我已经不再打呼噜了。"

"那，那为什么……"凡尔医生糊涂了。

"唉，"国王深深叹了一口气，"王后说，自从我不再打呼噜，夜里就静得可怕，她就因此常常做噩梦。要是我

时间的模样

不恢复打呼噜，她就永远不会睡上安稳觉了。她就是为了这要和我离婚，她说她不能和一个不会打呼噜的傻瓜一起生活……"

凡尔医生吃惊得跳了起来："陛下，您是说，您要恢复您的打呼噜？"

"对，而且不要驴叫、狗叫，就是那种猪叫，那是我的传统。"

从国王的眼神里可以看出，他对杀猪一般的呼噜声，现在已经无限地憧憬。"真的，你得赔我的呼噜！"

凡尔医生两眼一黑，双腿一软，不顾一切地晕过去了。

牵手阅读

在这个故事里，国王代表了西方传统童话故事里的权威，而凡尔医生则是一个可怜兮兮、不得不接受国王无理要求的医生，他们之间的相处本身就充满趣味。故事用幽默讽刺的笔调，展现了人物的性格特征，国王的无理、医生的胆小，都生动地呈现在读者面前。请大家想一想，如果有人请你治打呼噜，你会有什么好办法呢？

与你相遇多么幸运

丁丁的一次奇怪旅行

严文井

　　我认识一个叫丁丁的小姑娘。她的脸很圆，她的眼睛很亮，她的心肠很好。她是二年级的学生，功课常常得五分。她什么都不错，可是就有一点，胆小；跟着就还有一点，好哭。比方：天一黑，她一个人就不敢到院里去。老师说过没有鬼，她也知道院里不会有老虎和狼，可是说不上为什么，她就是害怕，不敢去。有一次，学校里给同学们打防疫针，她老早就在心里对自己说：一定不害怕，一定不害怕。可是呀，当护士从煮着的针盒里取出一个长长的针头的时候，她就害怕起来了。她瞪着眼睛，看护士装好了注射液，接着就用沾了酒精的棉花在她胳膊上擦，接着那发亮的针尖就对准了她的胳膊，她突然哎呀了一声，就一个劲儿哭起来了。哭什么呢？她自己也不知道。

丁丁很不愿意自己胆小，也怕别人笑她好哭，但是怎么办呢？谁来给她出点主意呢？她妈妈只说："别哭，别哭！老那么哭，会把眼睛哭瞎的。"她的爸爸要不就是不作声，要不就是生气地说："我就不喜欢胆小的孩子。"我呢，虽然是她的好朋友，很想帮助她，可也想不出办法来教她怎样变得胆大。后来呀，倒是丁丁自己改变了。这简直不能叫人相信。她说：有一次她和一只蚂蚁一起出去旅行，看见了许多奇奇怪怪的事情，得到了好多好多朋友的帮助，后来她就变得不那么胆小了。那只蚂蚁的名字叫作红眉毛，待丁丁可好哩！我很喜欢那个故事，就问她："是真的吗？"她很狡猾地看了我一眼，笑了笑说："谁还骗你，当然是真的呀！"

现在，我们就来听丁丁讲她自己的这次奇怪旅行吧，事情是这样的。

有一天吃过晌午饭，丁丁去上学，在一条小胡同里遇见了一只狗。那是一只黑叭儿狗，坐在一家门口，斜着眼睛看她。她怕狗咬，就慢慢地贴着墙根走，想趁狗不注意一下就溜过去。可是，这只小黑狗很坏，它知道丁丁害怕，就汪汪汪地对着丁丁叫起来。丁丁吓得往回就跑。狗更加得意，站起身来就追。要不是这时候有一个邮局的投递员骑着自行车冲过来，把狗赶回去了，说不定丁丁的脚后跟真要被它咬上一口哩。

丁丁再也不敢打这条胡同走了，只好回家。到家，妈妈和爸爸都上班去了。她一个人待在院里，很难受。她想："为什么我老这么胆小呢？为什么呢？"

她靠着一棵海棠坐了下来。阳光很温暖。蓝色的天空里浮着几片海潮一样的云。树枝轻轻地摇摆。院子里一点声音也没有，没有人回答丁丁的问题。

这时候，有一只蚂蚁沿着海棠树干，急急忙忙地往上爬，好像在找什么东西似的，爬几步就站住看看，看一会儿又往上爬。丁丁想："他要干什么呀？"

奇怪的事情就发生了。蚂蚁抬起脑袋来，对丁丁点了点头，而且对丁丁说话了。真像故事书里写的那样，不过声音很小。丁丁听了一会儿听不清楚，就大声对蚂蚁说："喂！你说什么呀？你嗓门儿太小了，我听不真！"

"咳咳咳！"蚂蚁清了一下嗓子说，"对，最近，我嗓子是有点不太好。我叫红眉毛。我说呀，你在干什么？为什么不上学去？你爸爸、你妈妈知道了又该说你了。"

丁丁听了，有些不好意思，就说："我可不是逃学，那个黑狗它不让我过去，那我……"

蚂蚁说："你干吗要怕那黑狗呀！它根本是一个胆小鬼。你别听它汪、汪、汪叫，它心里可害怕哩。你不理它，它就会夹起尾巴跑掉的。"

"是吗？我更害怕哩，我比它还要胆小，我的胆大概只有鲤鱼胆那么大，你看见过鲤鱼胆吗？"

红眉毛搔搔脑袋说："还没有。我想鲤鱼胆一定很好看。"

丁丁说："蓝蓝的，可好看哩！下次我妈妈买了鲤鱼，我就请你来看。你说，怎么才能把胆子变大一些呢？"

红眉毛想了一会儿，说："这个我可不知道，我没有那么大的学问。我连一年级都还没上过哩。咱们去问'什么都能知道'老师夫，他什么都懂。他会告诉你的。"

"真的吗？他爱不爱发脾气？他要知道了我今天没上学，会不会说我？"

"你别害怕，他待小孩可好哩，他就喜欢和小孩一块儿玩。他本事大着哩，会翻跟头，会在树上打秋千，还会讲故事，还……"

丁丁很高兴，拍起手来："那我要去，我要去找他！

要是我的胆子变大了，就什么也不怕了。"

红眉毛说，就是有一条，丁丁要戴上一顶蚂蚁的帽子，才能跟他一起去。丁丁表示当然可以呀。红眉毛不知道从什么地方一下拿出来一顶很小很小的帽子，只有小米粒儿那么大。丁丁愣住了，说："这么小，叫我怎么戴？"

"行，包你戴得下。"

果然，红眉毛没有骗人。丁丁把那顶很小很小的帽子接过来往头上一放，嘿，真有意思！她的个子马上就一点点缩小起来，越缩越小，一直小到和一个蚂蚁一样大才不缩了。当然啰，这时候，红眉毛给她的帽子就能很合适地戴在她头上了。

现在，丁丁自己变小了，她看到的东西就好像都变大了。比方说，丁丁面前的那棵海棠，看起来就像炼钢厂的烟囱，她坐的那块石头就变成了一座小石山，小草就像一棵棵大树，沙粒就像一块块圆石头。丁丁真高兴。新鲜玩意儿多极了，可惜现在时间不够，不能让她慢慢地看了这个，又看那个，她就催红眉毛，马上带她找"什么都能知道"老师去。

他们正在往前走，红眉毛忽然想起了一件事，着急地叫了一声："哎呀！忘记了，我还没有请假。"

丁丁记起了蚂蚁当中有蚁王，就问他："是不是向蚁王请假？"

红眉毛点头说："对！你记性真好，没有忘了咱们的蚁王，我就是向他请假。要不然呀，他就要说我了。"

丁丁就跟着红眉毛到了蚂蚁的洞口。这是一个圆圆的洞口，很干净，很整齐，有十几个大个子卫兵站在门口。他们看见了丁丁，大声问："干什么的？"

丁丁吓了一跳，正想回头跑，红眉毛连忙走上前，说："她是丁丁。她有一个蓝色的鲤鱼胆，好看极了！"

"真的吗？那么，她一定不会欺负小鸟、小鱼和蚂蚁的。让她进去。"卫兵们就闪开道，让他们进去了。

真是想不到，洞里非常亮，好像点着灯一样。

他们走过了一条光光滑滑的大胡同，又走过了几条小胡同。胡同两旁都是一排排的房间。蚂蚁们都在忙着做工，有的背着粮食进来，有的拖着脏东西出去，有的在修胡同，有的在给小蚂蚁喂饭，有的在带小蚂蚁做游戏。

他们正往里面走的时候，忽然听见一个很大的声音："有一件临时工作！一件临时工作！"

原来是蚂蚁队长，他拿着一个大喇叭，不断地叫喊。许多正在休息的蚂蚁就连忙站了起来。丁丁同红眉毛也跑过去，和大伙挤在一起。蚂蚁队长对大家说："'气象台'有报告，说天气不好，待会儿可能下雨。二百二十号胡同离地面太近了，下起雨来有危险。那里的粮食要赶快搬到三百零八号胡同去。现在要五十个工人去搬运，有谁报名？"

很多蚂蚁都举起了手，喊："我报名！"

"我去！"

红眉毛和丁丁都忘了请假的事，两人往前面一挤，一齐举起手："我们也报名！"

队长看着丁丁点了点头，说："好吧！"于是，一、二、三、四、五、六……点了五十名，丁丁同红眉毛都在里面。队长带着大伙往二百二十号胡同跑去。

二百二十号胡同是一个粮食仓库，里面的柱子是火柴杆儿，地上堆满了草籽儿、干饭粒儿、小米粒儿、高粱粒儿，上面都用枯草叶做成的席子盖着。这每一粒粮食过去在丁丁眼里是算不了什么的，可是，现在，自从丁丁戴上蚂蚁的帽子，变成和蚂蚁一般大小以后，就不同了。这些粮食每一粒就像一个大南瓜那样大，那样沉，可得费一番力气，才能拿动哩。

五十个工人排成了一行，按照队长的指挥，一个挨一个去背粮食。丁丁跟在红眉毛后面，一步一步往前挪动。

前面背上粮食的蚂蚁，又一个一个往前走。他们一面工作，一面唱歌。他们唱的是一个非常古怪但又非常好听的歌，他们的歌声把蚂蚁洞都震动了。丁丁忍不住也跟着他们一起唱起来。他们唱：

搬了一个又一个，

哎嗨哟！

你背我扛他来驮，

哎嗨哟！

不怕困难胆儿就会大得多，

哎嗨哟！

红眉毛轻轻拍了丁丁一下，叫她注意，现在轮到他们背了。红眉毛说："丁丁，咱俩比赛，好不好？"丁丁说："好！"

红眉毛走上前，很快就背上了半瓣黄豆。丁丁打算背一粒高粱粒儿，但是她不会背，背了好几次，高粱粒儿都滚到地上。红眉毛回转身来，把黄豆放下，帮丁丁把高粱粒儿背好，然后才又背上黄豆。两人跟着前面的队伍往

三百零八号胡同走去。丁丁跟着大伙一起往下唱：

　　　　会劳动才是好孩子，

　　　　哎嗨哟！

　　　　快快乐乐来干活，

　　　　哎嗨哟！

　　丁丁跟着大伙搬了一趟又一趟。后来，她累了，有些喘气。好多蚂蚁就过来劝她休息一会儿。有的还拉着她的手，说她一定是才生出来不几天的小蚂蚁，别一下干得太多，累坏了。

　　丁丁有些不服气，连忙解释："谁说的！我都快九岁了，我生下来都有好几百个儿天了。你们学过乘法没有？九乘以三百六十五是多少？我不是小蚂蚁。我不小，一点儿也不小！"

　　红眉毛说："对的，丁丁行，一会儿她就不会喘气了。"

果然，丁丁慢慢就不喘气了，力气也变大了。她就一直跟大伙一起，唱呀，笑呀，搬得很起劲。

大伙在一起，搬得真快，没多大会儿工夫，二百二十号胡同的粮食统统搬到三百零八号胡同去了。

后来红眉毛就和丁丁去向蚁王请假。蚁王听了他们的话，点点头说："你们去找那个长着白眉毛、白胡子的小老头吗？很好，很好！他真是一个聪明人，你们去吧。不过他有些淘气，他喜欢到处乱跑，有时候他坐在树顶上，有时候他睡在草叶上。"

丁丁说："他这么淘气，怎样才能找到他呢？"

蚁王说："别着急呀！听我说。刚才有侦察员告诉我，那个小老头儿在第九号洞门外面的一个蜗牛壳里睡觉，你们快去找，一定能找着！"

红眉毛说："那地方我知道，我知道！丁丁，咱们快走吧。"

红眉毛拉着丁丁就跑。他们跑过了许多弯弯拐拐的胡同，最后到了一个四四方方的洞门口，这就是第九号洞门。从这里出去，他们就又回到了地面上。

他们走了没有多久，就在一座青草的林子里，看到一个灰白色的巨大蜗牛壳。丁丁高兴极了，跑过去就对着蜗牛壳说："请你快回答，快回答！'什么都能知道'老师，我们有一个问题……"

蜗牛壳里有一个低低的发沙的声音说道："谁呀？谁在这里乱喊乱叫，把我的瞌睡都吵没了。"

丁丁有些不好意思了，就低声说："老师，对不起！我们不知道你在睡觉。请你说，怎么才能够把我的胆子变得大一些？"

那个发沙的声音说："把你的胆子变大一些吗？"接着他就哈哈大笑起来。这一下把丁丁弄得莫名其妙了，这是怎么回事呀？一会儿，一个蜗牛慢慢地把脑袋从壳子里伸出来，对丁丁做了一个鬼脸，摇摇脑袋说："真有趣，真有趣！我还不知道怎样才能把我自己的胆子变大一些呢，你真能想，真会问！去吧，小傻瓜！"说着他又把脑袋缩到壳子里去了。

原来这只是一个蜗牛，并不是"什么都能知道"老师。

丁丁几乎要哭起来，红眉毛安慰她说："不要理这个老糊涂虫。走吧，咱们再去找。咱们的侦察员看见了他，那就准能找着他。"

丁丁把眼泪忍住了，跟着红眉毛又往前面走。东一拐，西一拐，后来他们来到了一块青石头旁边。他们忽然听见一种奇怪的声音，在石头后面，"呼——呼——"，像一种什么野兽在叫。丁丁的心直跳，但是她没有乱跑。红眉毛仔细听了一会儿，说："不要紧，这是打鼾的声音，也许'什么都能知道'老师就在这里。"

他们轻轻绕到青石头背后，一眼就看见了一个很大的黄色蜗牛壳。这一次，丁丁就不忙着乱喊叫了。她轻轻走到蜗牛壳跟前，一看，鼾声正是从里面发出来的。里面躺着一个小老人，胡子是白的，眉毛也是白的，闭着眼睛，睡得好舒服。这不正是那个"什么都能知道"老师吗？丁丁高兴地喊："老师，老师！对不起，请你醒一醒！"

小老人翻了一个身就坐起来了，一边打呵欠一边问："哎呀，哎呀！小姑娘，小朋友，小同学，你叫喊什么？为什么你不在自己家里待着，要跑到外面来胡闹？"丁丁对他行了一个礼，说："我不是胡闹。我有一个问题要问你，你说，我的胆子怎样才会变大一些？我的胆子太小了。"红眉毛说："最好你能给她换一个大一些的。"

小老人搓搓手，仔细看看丁丁说："呀哈！真的吗？让我来！让我来！我可以好好研究研究。"

小老人慢吞吞地从蜗牛壳里拿出了一个长长的听筒，按在丁丁胸前听了又听。一会儿，他又拿出一个黑色的铁管子，对着丁丁的胸口，看了又看，然后摸摸胡子说："哦！明白了，明白了！你的胆儿的确是小，真正是小。你的胆儿比老虎比狮子的都要小。不过，比起耗子，比起青蛙，比起鲤鱼来，就还不能算小。而且，简直还应该说，要大得多。那么就应该这么说，完完全全和别的男孩子、女孩子的胆儿一样大，不比他们的大，也不比他们的小。就是这么一回事。"

丁丁听了，觉得很失望："我的胆子不算小吗？"

小老人拿出手绢来擦了一阵汗，说："可不！和我小时候比，你的胆子一点也不算小。"

"那么，为什么我老是害怕呢？我爸爸老说我胆小，那是为什么呢？"

小老人想了一想，说："哎呀，哎呀！这个我不知道，不，我不回答。不许再问了！"

红眉毛喊叫起来："你不是什么都能知道的吗？为什么回答不出来呢？"

小老人叹了一口气，说："你看你这个小朋友多麻烦！如果我什么都能够知道，哎呀！那才叫好哩。可是，你们弄错了，完完全全误会了。'什么都能知道"，他是我的弟弟，我是他的大哥。我叫作'知道得很少'。我们弟兄的模样长得差不多。"

丁丁也叹了一口气："你不是'什么都能知道'吗？我们弄错了。对不起！'知道得很少'老师，请你告诉我们，你的弟弟在什么地方？我们要去找他。"

"我弟弟在哪里，这一点我也和你们一样，不知道。你们只有去问北方的老杨树。他的办法多。因为他有很长的根，伸到了很远的地方，能听到很多很多的消息。"

丁丁向小老人"知道得很少"说了声谢谢，就和红眉毛动身往北方去。紧走慢走，走了也不知道有多远，后来，他们在大旷野里看见了一棵粗粗的老杨树。

丁丁想对老杨树说话，但是老杨树的耳朵不太好，她的声音太小，又站得太低，老杨树听不见。红眉毛就爬到老杨树枝上，凑着他的耳朵，问他"什么都能知道"老师到底在什么地方。

老杨树说："好吧，我给你们打听打听。我耳朵不行了，可是我的根却可以听得很远。"老杨树闭着眼睛听了一会儿，然后告诉他们："对了，对了！我的根听见地下的流水说，'什么都能知道'老师到了北方，到了一条叫宽宽的河的河边，他过河去了。"

丁丁和红眉毛说了声谢谢，就继续往北走。

走呀走，又不知道走了多少时候，后来他们就到了一条宽宽的河的旁边。但是，他们怎样才能渡过河去呢？河边没有桥，又没有船，河水又深得看不见底。

丁丁很发愁："怎么办呢？怎么办呢？没有桥，又没有船，咱们怎样过河去呢？"

红眉毛说："不要紧，总会有办法的。咱们先歇一会儿，慢慢来想办法吧。"

他们就都坐在河边一根枯树枝上，低下头来想办法。想什么呢？这时候他们脑袋里空空的，一点办法也没有。他们坐着，听着河水流动的响声。忽然，河水轻轻地唱起歌来，那是一首很好听的歌：

> 我的脾气很坏又很老实，
>
> 我不喜欢坏蛋，我讨厌皇帝，
>
> 他们来求我，我一概都不理，
>
> 不论他们有多大本领同势力，
>
> 我一定要把他们一个个沉到水底。
>
> 只有勤劳的人们懂得我的性子，
>
> 他们为我用了一番力气，
>
> 我就服服帖帖替他们做事，

给他们推磨，发电，

还运走他们的船只。

我从天上来，

天上掉下了无数雨滴。

我是山中的小溪流，

花上的露珠，

也是孩子们的眼泪。

我知道很多稀奇古怪的故事，

也懂得孩子们耍的鬼把戏。

如果有哪个小孩过不了河，

在河边只是叹气，

我可怜这些小东西，

就要用一片树叶，

把他们送过河去，送过河去。

丁丁小声对红眉毛说："听见了没有？河水的心肠可好哩，他说如果有小孩过不了河，他就要用树叶把他们运过去。"

红眉毛说："用树叶来做船，对，好办法！咱们马上动手吧。"

于是，他们在河边找到两片树叶，一片做船身，一片做船帆。另外还找到一根小树枝做舵。一会儿工夫一只小船就做成功了。他们把小船推到河里，然后坐上去，支起了帆，船就很顺利地开动起来。他们两个就好像两个熟练的水手，把着树叶做的帆，利用风的力量，把船开得很快。

一条狗鱼在离树叶不远的地方游，看起来就像一头大鲸一样。狗鱼好奇地跟着他们，观察他们，树叶被狗鱼的浪弄得摇动起来。丁丁怕狗鱼咬，往旁边躲。船一偏，红眉毛掉到水里去了。

丁丁想："这可糟了！说什么也不能让这个好朋友淹死！"她也不管自己会不会游水，"扑通"一下就跳下水去了。到了水里，虽然她拼命地游泳，可是一点用也没有。她老是往下沉。

红眉毛一边游，一边对丁丁喊："快抓住树叶边，快！"

这时候，一只蜻蜓好像一架直升机一样，突然由天上冲下来。丁丁连忙喊："快快快，别让红眉毛淹死了！"

蜻蜓很沉着地飞过去，说："别怕，勇敢一点，沉不了的，来，抓住我的腿！"

蜻蜓先让丁丁抓住他的腿，接着又飞到红眉毛身边，让红眉毛也抓住他的腿，很快就把他们送到了树叶上。一直等到丁丁和红眉毛重新支好帆前进，蜻蜓还围绕他们飞了一圈才离开。

当丁丁和红眉毛把船安稳地开到对岸的时候，突然不知道什么地方有一个声音喊："你们是谁，干什么的？"丁丁看了看，没看见一个人影儿，只有回答："我是丁丁，他是红眉毛。"

红眉毛补充一句："有一个'知道得很少'老师告诉我们，叫我们来的。"

"哦哦！是我哥哥要你们来的，很好，很好！"突然从一棵树上跳下来一个小老人，他脸上也有着一对白眉毛，一嘴白胡子，和"知道得很少"几乎长得一模一样。

丁丁很高兴，想：这一下可找到了"什么都能知道"老师了。她马上问："老师，请你告诉我，既然我的胆子和别的小孩一样大，而且比耗子，比青蛙，比鲤鱼的胆子还要大一些，那么，为什么我还老是害怕？"

小老人看了看她，说："我知道，我知道，那是因为你胆子里装的'勇气'还不够多。"

丁丁听不懂，就问："'勇气'？那是一种什么东西？我还没有看见过'勇气'哩。"小老人皱着眉头说：

"一种什么东西？那可复杂呢，你是小孩儿，对你说也说不清楚，勇气大概是一种气体吧。"

丁丁好像听懂了，问："是不是像我爸爸抽烟的时候，鼻孔里出来的那股子烟？"

"不是，不是！"

"是不是像锅里的气，开水壶里的气？"

"胡说，不是！勇气是看不见的。"

红眉毛抢着说："对啦！我知道，勇气像空气。"

小老人生气了："也不是，也不是！你们小孩就喜欢乱发问。是这么回事，'勇气'有点像'发脾气'的'气'，也有点像'生气'的'气'，明白了吧？"

丁丁说："这种气我可没有看见过。"

小老人更加生气了："跟你们这些小东西就是说不清楚，'勇气'是一种很了不起的东西，要我说出来可得费把劲儿。至于，怎样才能得到它，那就更得费把劲儿，我不说了，我不说了！那个、那个……你们最好还是问我弟弟去吧。"

红眉毛说："那么，你又不是那个'什么都能知道'？"

小老人笑了："你们弄错了，我是'知道得很少'的弟弟，是'什么都能知道'的哥哥。我们弟兄三个长得差不多，不认识我们的人第一次总会弄错的。我叫作'什么都知道一点儿却不算多'。"

红眉毛和丁丁一齐叹了口气。丁丁说："你的名字太长了，简直比你的胡子还长，要我用三天工夫来记也记不住。还是请你快一些告诉我，你的弟弟在什么地方，怎样去找他吧？"

小老人摇摇头，吐吐舌头："这一点我也跟你们一样。也许你们去问一只老山羊，他还可能告诉你们一些办法的。"

丁丁和红眉毛只有再往前面走。走呀，走呀，后来他们真的遇见了一只老山羊。他的个子真大，一个人在那里不声不响地吃草。丁丁很有礼貌地向他请教，打听"什么都能知道"老师在哪儿。

老山羊用怀疑的眼光看看她，嘴里还在慢慢地嚼草。丁丁一连问了他几遍，他都不作声。红眉毛发火了，对老山羊说："你这个老糊涂虫！为什么你不理人？再这样对待我们，我就要不客气了！"

老山羊斜着眼睛看了红眉毛一眼："呀哈，你这个小糊涂虫！要打架吗？有本领你就来试试看。我偏不告诉你，就是不告诉你！我只告诉那个小姑娘。"他走到丁丁面前，对丁丁说："小姑娘，你还虚心。我愿意告诉你。你到前面高高的山上去打听，就可以打听到他的消息了。"

于是，丁丁和红眉毛又继续往前走。走呀，走呀，后来他们走到了座叫"高高的山"的山脚下。他们一看，这座山实在是太高了，要是只用两条腿，谁也不会爬上去的。这非得想一个很好的办法不可。

有什么办法呢？办法就在这里。他们看见了一个马蜂。这个马蜂在一堆落叶上懒洋洋地打瞌睡，有时他还嗡嗡拍一阵翅膀，好像这样做可以提提精神似的。

红眉毛小声在丁丁耳朵边讲了几句话，他们两个就分开来，一边一个，从树叶底下爬过去。慢慢地，慢慢地他们就爬到了马蜂旁边，但是马蜂还在发呆，没有注意到他们。

红眉毛叫了一声，他和丁丁就突然跳起来。丁丁抓住了马蜂的一只翅膀，红眉毛抓住了马蜂的一条后腿。马蜂吓了一跳，正准备飞起来的时候，丁丁和红眉毛已经爬到他背上了。

马蜂不知道发生了什么事，拼命地往上乱飞。红眉毛就抓着他脑袋，指挥他朝着山顶飞。丁丁用力抓住了马蜂背上的茸毛，才没有掉下去。

飞呀飞，也不知道飞了多少时间，后来马蜂飞不动了，就找一个地方落下来。丁丁一看，正好是在山顶上，她就和红眉毛从马蜂背上跳下来。马蜂还没闹明白是怎么回事，也不敢再休息，就慌慌张张地飞走了。山顶上可什么也没有看见。丁丁和红眉毛就一起大声喊叫起来："喂！'什么都能知道'老师在哪里？"

山对面有一个声音回答他们："……在哪里？"

他们又喊："'什么都能知道'老师在什么地方？"

山对面的那个声音也跟着他们喊："……在什么地方？"

原来那是回声。除了回声，就没有人回答他们了。

他们背后有一棵蒲公英。蒲公英看他们叫喊得很可怜，就对他们说："我知道他在什么地方，他在山谷对面。我的儿子们可以帮助你们到那边去。不过有一点，就是我的儿子们要确实知道了风是往那边去，他们才能带你们走。"

丁丁说："谢谢你，只要我们能找到他，我们可以等，一直等到风愿意往那边去的时候再走。"

夜晚来了，丁丁和红眉毛躲在松树下的一个小土洞里面。他们想偷偷听风怎么说。

夜深的时候，松树顶上突然发出了响声，风来了。丁丁从土洞里把脑袋伸出去，看见松树顶上有三个穿着乳白色大袍的巨人在跳舞，他们同时还低声歌唱：

到北方去，到北方去！

吹着喇叭去，吹着笛子去！

带着云彩去，带着雨水去！

带着麦子，带着红花绿叶去！

带着温暖，带着歌声去！

带着快乐，带着勇气去！

快去，快去，快去，快去！

红眉毛悄悄推了丁丁一下，说："听见没有？风准备到北方去，明天蒲公英籽就可以走了。"

到了第二天早上，几十个蒲公英籽就离开他们的母亲，一个个都张开了毛做的小伞，手拉手做成一个圆圈，把丁丁和红眉毛带着，借着风的力量，一下子飞上了天空。

蒲公英籽高高兴兴地唱起来：

我们生来就不怕风暴，

风越是发狂，我们飞得越高。

我们要走得远远的，

到处开遍金黄的花朵，

让那些工作累了的人们，

看见了就忘掉疲劳；

风呀，吹啊！

你使劲喊啊，大声音叫。

我们生来就喜爱风暴，

你越是唱得响亮，我们飞得越高！

丁丁觉得很快乐，忍不住高声笑起来。她也想唱，可是不知道唱一个什么歌好。

就这样飞呀飞，也不知飞了多少时间，后来他们就降落下来了。

原来很多人都已经来了。不知道为什么，老山羊、蚂蚁王、蚂蚁队长、蜗牛、老杨树、蜻蜓、马蜂、蒲公英都来到了这儿。丁丁想：这是干什么呀？好像在过节，又好像在开什么庆祝大会，大家就是跳呀、唱呀、扭秧歌舞呀，拼命地闹。丁丁从人们当中看见了一个非常快活的小老人，他脸上长着一对白眉毛，一嘴白胡子，老爱朝着丁丁笑。丁丁正在心里想这个小老人是不是"什么都能知道"老师的时候，这个小老人拍拍手，对大家说："我来介绍我自己。我就是那个'什么都能知道'老师。现在我要欢迎一个勇敢的女孩子，她的名字叫作丁丁。"

丁丁连忙说："不对，不对！一个勇敢的女孩子，那可不是我，我还没有'勇气'哩！"

大家叫："就是你！"

红眉毛说："我认得她，她叫丁丁。"小老人笑着唱：

就是你，就是你！你已经改变，

你和大伙在一起，

就有了勇气。

丁丁说："我不相信，'勇气'是什么样子呢？怎么有了'勇气'我自己还不知道呢？"

小老人唱：

勇气是一种看不见的东西。

红眉毛马上插嘴：

我可知道，

它不像锅盖上的水汽，

也不像烟囱里的烟子。

小老人点点头：

它也不像空气。

每个人都能够有，

红眉毛分了一点给你，

蜻蜓分了一点给你，

另外还有……

丁丁接着就说："哦，我明白了！另外还有老杨树、老山羊，还有河水和风，还有你的两个哥哥，他们的名字和你的名字一样古怪，另外还有蒲公英和她的儿子，他们都帮助过我。"

小老人唱：

对，这就是他们最宝贵的赠礼。

红眉毛，老杨树，老山羊，蒲公英，大伙都不同意"什么都能知道"老师的话："你的话可不好懂，咱们自己都不知道谁给丁丁送了一点'勇气'，哪有这么一回事！"

小老人说："因为那是一件看不见的东西。"

丁丁想了一想，说："虽然看不见，可是我觉得真有那么一回事。和大伙在一块儿，我就不害怕，一定有道理。"

小老人点点头，接着又唱：

得来的勇气像一粒种子，

要保护它，培养它……

丁丁对红眉毛说："我以后一定不怕黑狗，一定不好哭了。"

红眉毛说："当然，你一定会变得更加勇敢的。"

小老人接着唱下去：

让勇气越长越大，

将来好再分给人家。

大家都叫："对，对，对呀！"

讲到这里，丁丁就不往下讲了，她也不说讲完了没有。我问她："后来呢？"她笑着说："后来我就不那么怕狗了。遇见狗我也不乱跑，因为我一想到红眉毛他们，一想到和他们在一起的时候，我就觉得我应该做一个勇敢的孩子，你说对不对？"我说："对！我同意红眉毛的话，你一定会变得更加勇敢的。"

我想，应该把丁丁这次奇怪的旅行讲给旁的孩子们听听，我就照她讲的写了这么一个故事。

牵手阅读

　　严文井是著名儿童文学作家，他的作品以童话和寓言影响最大，故事生动，构思巧妙，具有很浓的哲理与诗意，被誉为"一种献给儿童的特殊的诗体"。在本篇文章中，丁丁本来十分胆小好哭，直到遇到了蚂蚁"红眉毛"，并跟随它进行了一次蚂蚁界的旅行，从红眉毛、老杨树、蜻蜓、老山羊、蒲公英它们那儿得到了勇气和胆量。全文笔触温柔，充满孩童纯真的气息，并且有大量歌谣，读来令人心神愉悦。你最喜欢本文中哪个角色呢？

故事里的小女孩，也就是"我"，发现了一座童话一样的园子，有绿叶、紫花、大树和即将变得浓浓密密的爬山虎。这座童话园里的主人，那个住在红房子里的老爷爷是什么样的人呢？"我"和老爷爷会有什么样的交集呢？读一读这篇故事吧。

童话园

张　洁

　　春夏秋冬，我几乎天天傍晚都在这条道路上转好几个来回，然后在天微黑时躲到大树底下唱歌。

　　这天，我突然注意到这座园子，还看见了住在红砖房子里的老爷爷。

　　那雾蒙蒙的氛围，让我有梦的感觉。

　　这是真实的吗？一地绿色烘托紫花盛开的园子，还有大树，还有即将变得浓浓密密的爬山虎，还有一阵吱呀的声响过后被门关进屋子的老爷爷，都是真实的吗？

"傻丫头，在干什么？痴痴地站着，不唱歌跟我应和。"妈妈拍拍我的后脑勺。

我忘了唱歌，也没有听见妈妈的歌声。

我抱歉地对妈妈笑笑，指着院子说："妈妈，像童话园。"

"你怀疑它是梦？"妈妈又看穿了我的心思，诡秘地一笑。

"妈妈，你像女鬼。"我说。

"那你就是小女鬼了。"妈妈笑了，"多漂亮的园子！有一个老人在照料它。"

"我刚才看见老爷爷了。我可以跟他说话吗？"我说。

"自己决定。"妈妈拥着我往家走。

我再一次停在园子的铁栏杆外面，是第二天早上。正好是星期六，很早就有太阳，我特地去看园子。没有了水雾的绿叶和紫花，是另一番娇嫩与水灵样。老爷爷蹲在地上侍弄他的花木。

"你的声音像小鸟叫，小姑娘。"他先跟我说话了。

"园子里的花草都乐了。瞧，好像都在唱歌。"他的眼光拂过植物们。

"你是它们的爸爸。"我脱口而出，又突然很后怕，怕老爷爷不开心。

"噢，小姑娘！"他似乎非常高兴，马上直起身子对我挥挥手，脸上笑得满是慈祥的皱纹。

"爷爷，我妈说很漂亮呢！"我说，伸手指向园子。

"你呢，觉得怎样？"老爷爷很重地说"你"，专注地看着我。

"童话园，好极了。我可以进去吗？"我很兴奋，因为觉得自己被一个让人有敬仰感的长者重视了。

"铁门是不锁的，拔掉插销推一下就可以，尽管进来。"老爷爷说着，举步慢慢走过来。

"我自己能行。"我说着，边拔插销边惊讶，"不锁？坏人进来怎么办？"

"坏人？"老爷爷笑了，"哪有那么多坏人？这么个园子，坏人来干什么呢？我从来没有碰上过呢！"他呵呵笑个不停。

"哈！"我蹦进园子，眼睛迫不及待地要将一切都收入视界。

那亲情又立即绵绵而来，更深地滋润着我。哈，我成了一棵小苗苗，也是园子的一部分了。

我友爱地摸摸叶片，摸摸树的身躯，问老爷爷："爷爷，你是园艺师吗？"

"哎，园丁，园丁，园艺师还称不上。"老爷爷笑着，"我还称职吗？"

"教教我。"我说。

我拿拿铲子，拎拎锄头。这儿还有刀和剪子……工具好多哦。我紧跟在老爷爷的身边，竟也能适时地递递工具，帮忙搭把手。田园的万物深深地牵动我的心。我置身其中，兴奋不已。

"爷爷，你真幸福！"我由衷地说。老爷爷乐得合不拢嘴。

我羡慕地仰望他。

"有人跟我分享，太好了！"老爷爷咧开嘴巴笑。

"是说我吗？"见老爷爷点头，我又说，"我以后还可以进来吗？"

"只要你想，任何时候都可以进来。"老爷爷说。

"我可以挖泥吗？"我问。

爷爷笑着点点头。我告诉老爷爷，妈妈的书橱上有一本《呼兰河传》，她看得泪水涟涟。我也看了，好喜欢那里面的后园。

我能够背出书里写的那一段文字："一到了后园，立刻就是另一个世界了。绝不是那房子里的狭窄的世界，而是宽广的。人和天地在一起，天地是多么大，多么远，用手摸不到天空。而土地上所长的又是那么繁华，一眼看上去，是看不完的，只觉得眼前鲜绿的一片。"

这些话不断在我的脑中打转。我有时候会忍不住用脚踏踏下面的地，希望自己踩在那样的土地上。

"一到后园里，我就没有对象地奔了出去，好像我是看准了什么而奔去了似的，好像有什么在那儿等着我似的。其实我是什么目的也没有，只觉得这园子里边无论什么东西都是活的，好像我的腿也非跳不可了。"爷爷接着我背的内容背下去。

我正惊异又喜欢得不知怎么办才好，只听有个声音像雨露洋洋洒洒地从头顶飘下来。

我张大嘴巴，用整个身心去接住它："奔吧，跳吧，孩子！"

我箭一般射出去，在园子狭小的间隙里穿梭。

笑声如蝴蝶，翩跹于花草和树木之间。

笑声如大山，泰然守护在一旁。

"第十三次偷笑。"妈妈对我翻白眼，"算你有了一片园子。"

"女鬼妈妈，我高兴。"我故意出声地大笑。

"小女鬼孩子，要好好珍惜。"妈妈不理会地扔下一句话，就去干自己的事了。

妈妈心里乐着呢。吃午饭时，我自然而然又说起园子，把早上在园子里跟老爷爷一起护理花草的情节仔仔细细地说了一遍。

她不住地说："真的？真的？小鬼，你不是做梦吧？童话梦？"

我说："我下次带你去老爷爷那儿，去不去？"

妈妈立即说："去，肯定去。我们晚饭后去散步。"

我们当天就来到了老爷爷园子的门前，但妈妈不让我去拔铁门的插销。我们站立在铁栏杆外面，望着园子，谁也不说一句话。

"小鬼，我听见你的笑声了，又脆又嫩，像藕段，让妈妈咬一口。"妈妈忽然开口了，声音在暮色里很像沉睡中的呓语，"多香啊！土腥味都在呢。女鬼妈妈醉了。"

我嗅嗅自己的手背，又使劲嗅嗅空气。真的，是泥土和植物的味道弥漫着。我也醉了。女鬼妈妈的小女鬼孩子醉了。

老爷爷成了我很好的朋友。每个周末，我都去他家跟他一起收拾园子。

活儿并不多，干完活老爷爷就听我说话。

有一回，我给老爷爷看了我做的沙包和螺蛳串。

我告诉他："安安和欣妮放学回家不能跟我一块儿玩它们。我一个人玩好没意思，就不玩了。原来我们有时候在学校也玩，不知为什么也有了偷偷摸摸的心情。安安好像总是在害怕。这种感觉很快传染给了欣妮，欣妮也怕起来了，弄得我好像总觉得自己做了什么不应该做的事，很没劲，就不拿出来跟她们玩了。"

我还告诉老爷爷，安安不大跟我在一块了。欣妮说漏了嘴，我才知道，安安的妈妈说我坏，自己关起门来在家用功，却带安安玩，有意弄坏她的功课。安安的妈妈不让安安跟我玩。

"爷爷，我怎么会那么坏？我自己怎么都不知道？我很快做好功课，我妈就让我玩，让我看故事书。她还带我去看话剧，去听音乐会。我妈最讨厌我整天抱着教科书。她从不强迫我参加什么补习班，她要我自觉。做到了这些，就全由着我摆弄自己。我真的就是这样过的呀！爷爷，我觉得没劲透了。"我说。

"是没劲。"老爷爷点点头，"那你去告诉安安，你是怎么学习和生活的。"

"安安是知道的，可她妈妈偏要她每天做很多习题，还要她休息日出去参加英文班、作文班和数学班，每个星期还要去家教老师家里补一次课。她妈妈说不这样就考不进重点高中。我们现在升初中都不考试了，多数是就近入学。上高中是要考的。我们学校高中部是市重点，只有考分合格才能升入高中部。老师说，很多人都会被淘汰掉。"我对老爷爷说，"欣妮的妈妈也逼她做习题，可她总是不如我考得好。也许因为这样，安安的妈妈才说我躲在家里用功吧。可安安知道，不是这样的。"

"哦。"老爷爷现出醒悟了的样子，点了点头，"那就是安安妈妈的事了，你没有办法去改变的。对吗？"

"嗯。"我心里很难过，"我真想把自己的分数给她们。"

"傻孩子，"老爷爷笑了，"你什么也没有做错，况且你有这么好的心肠。小姑娘，你很善良，没有必要为这件事伤心。善良的人应该快乐。快笑一笑。"

老爷爷说话的态度是那么认真。我真的就笑了，一笑就好半天都无法忍住。停顿一小会儿，又要笑起来了。

老爷爷也告诉我他碰到的事情。

最有趣的就是有一次他在园子里转悠，有个小偷从前门光顾他的屋子。

老爷爷的屋子里除了装满书的书橱，家具都没几件。那小偷自然偷不到想要的东西，却让由园子后门回屋的老爷爷撞上了。小偷结结巴巴顺口说是来借书看的，又说不出书名。老爷爷便拿了鲁迅的《孔乙己》给他。小偷接过书就逃。几天后，老爷爷在园子里发现这本书包得好好的，躺在草丛中。

老爷爷还给我讲故事。

木民家的高筒式黑礼帽，东西落进去都会改变：蛋壳成了云朵；蚁狮成了小刺猬；石竹花标本神速地生长起来，爬满屋子，伸进所有的缝隙，还从烟囱钻出去把木民妈妈困在里面……

老爷爷留下悬念，找出《魔法师的帽子》让我自己看。

嗬，书的作者是女的，还是个画家呢。我佩服得要命。

《长袜子皮皮》《尼尔斯骑鹅旅行记》，还有《青春万岁》《朱自清散文全集》……

日子这样一天天过去了，老爷爷和他的园子跟我和妈妈的生活再也不可分割了。

 牵手阅读

张洁是当代著名文学作家，创作有小说、散文、童话等不同体裁的文学作品。本篇讲述了一个温馨的故事，"我"发现了一座童话式的园子，后来认识了住在园子里的老爷爷，跟他一起分享生活中遇到的疑惑和趣事，一起读书，一起收拾园子，并跟他诉说成长中的烦恼，渐渐成了彼此的好朋友。"我"带着妈妈认识了这座梦幻的园子，这座童话园也成了"我"和妈妈生活里不可分割的一部分。同学们，你们在生活中有没有这样一处园子呢？它可以是现实意义上的花园，也可以是心灵意义上的童话园，总之，它是我们倾诉内心和放松心情的一片乐园。

出生在海滨，生长在海滨，海滨奔跑，海滨玩耍，海滨经历了难忘的事情。二锁来到海滨小城，一个淘气、胆小却又好面子的小孩子，孩童般的好奇与内心深处的胆怯相碰撞，会迸发出什么样的火花？

海滨的孩子

萧　平

二锁多高兴，到了姥姥家里。他已经五年多没到姥姥家来了。

姥姥家紧紧靠在黄海边上。村北是港渠子，满潮的时候是一片水，望也望不到边；落潮时，海退走了，就露出一片黄沙滩来。村南是一条沙岭，沙岭上长满一片沙蓼，站到沙岭上就看到了海。二锁多么喜欢海啊！蓝蓝的，没边没际，闪着金光。海里都有些什么呢？鱼，蟹子，虾，还有大鱼，老师讲过海里有这样大的鱼，比房子还大。可是二锁没有看到这样的大鱼；连小鱼也没看到。二锁又奇怪：鱼都跑到哪儿去了呢？

　　姥姥家里有舅舅和舅母，还有大虎哥和小花妹妹。每天二锁跟大虎到海滩上去玩，海滩上的沙又细又软，两人躺在沙滩上，敞开小褂晒肚皮，太阳晒得肚子咕噜咕噜直响。大虎比二锁大一岁，但长得还没有二锁高，也是念四年级，二锁并不怎样佩服他。他还是小队长呢，自己在放暑假前也加入少先队了，可自己的小队长就比他本领强。不过大虎确实懂得许多二锁不懂得的事情，比如说吧，大虎知道什么时候上潮落潮，什么样的潮水有鱼；知道蟹子愿意在什么样的天气里爬出来；还能够在光光的海滩上一下子挖出一个蛤来；并且还会浮水。这样二锁慢慢地也就承认了：关于海里的事情还是大虎知道得多一些。可是他干吗老爱说别人不对呢！有一次二锁高兴地告诉姥姥："姥姥，今天我看见船上的帆啦，雪白的，那么多，站在海里一动也不动。"大虎插上嘴啦："谁说不动，远，看不出来就是啦！"二锁在海边上拾了些好看的像小船似的白白的东西，高兴地拿给大虎看。谁知大虎笑起来："那是乌鱼板子，我们都往外扔，你还往家搬呢。"小花立刻就跑去告诉姥姥："姥姥，二锁拾了些乌鱼板子来家。"真是个小长舌头，就爱多嘴！

二锁喜欢在上潮的时候蹲在海滩上，望着从天边滚来的潮水。海潮泛着白沫呼啸着向他扑来，他向后一跳，浪头只扑到他的脚跟就退回去了，泡沫飞溅了他一脸，凉飕飕的。浪头接着又扑过来，他再向后跳一跳。这样一直把海潮引到沙岭下面。他站到沙岭上，海潮却不再跟他来了，慢慢地安静下来。二锁却不高兴起来，他满想着能把海引到沙岭上来呢。

　　最使二锁高兴的是和大虎去拉鱼。两个人偷偷拿出舅舅的网，跑到村北的港渠子里。潮水呼呼地向岸上跑着。大虎向水里一指，压低声音喊："快！二锁，看那一群鱼！"但是二锁却连一条鱼也没有看见。这时，大虎在他眼里变成了大人，大虎说什么他听什么。真的，网还没拉

到岸，鱼在网里就乱蹦乱跳了。二锁又喜欢又急，嗓子都喊哑了。一网拉上来的鱼就装了半水桶。二锁看着这么些鱼，真像在梦里一样。

潮水退了，二锁就和大虎到港渠子的海滩上去挖蛤。蛤壳上有许多美丽的花纹，很厚，有拳头那么大。蛤深深藏在沙下面，潮水把沙冲得溜平，二锁怎么也找不到，但是大虎用小锄一下子就挖出一个来。大虎告诉二锁，有蛤的地方有个小眼，因为蛤要留个孔喘气。二锁一看满海滩都是小眼，挖了几个眼，只挖出几个指头顶大的小蟹子来。他很失望，大虎就对他说，这面沙滩上的蛤差不多叫人挖光了，要挖就到港渠北面的沙滩上去，那里的蛤多得很。

二锁多么高兴呀，他希望回家的时候，能带一大盒子这样的蛤回去。开学的时候，在自己的桌子上摆上五个；不，十个或者再多几个，给同学们看看，一个装石笔，一个盛墨水，一个盛红颜色，一个盛绿颜色……同学们一定都围到他的桌边上来，他就送给他们每人一个；不，平常和他合得来的他才给，合不来的他可不给。

二锁暗暗盼望着大虎能领他上港渠子北面去，可是大虎却没有要去的意思。二锁有自尊心，他不愿意死皮赖脸地去求人家，心里却比什么都着急。

这天二锁和大虎从沙滩上回来，天已黑下来了。舅母和姥姥在做饭，小花一步不离地跟在姥姥背后，姥姥一转身，差点把她碰倒。姥姥生气地说："我还能做点什么，长了尾巴啦！"小花赶紧拉住姥姥的衣襟问："在哪里？在哪里？"姥姥正拿着一摞碗，哄着说："好小花，去找二锁玩去。"小花噘着嘴："我不。"二锁心里想："你还不哩，你找我我也不跟你玩。"

吃过饭，姥姥和舅母在刷锅，大虎喂过了猪在扫院子，二锁铺了张草帘躺在姥姥门外的打麦场上。满天是星星，海风一阵阵吹来，又凉又美。二锁睡不着，一来是因为海虱子咬，二来是因为他忘不了大虎对他说过的那些大花蛤。不大一会，大虎也夹着张草帘来了，躺在二锁旁边，爬在二锁耳边悄悄地说："明天咱们到渠子北面挖蛤去，你敢去不敢？"二锁跳起来，嚷着："去呀！怎么不敢？"大虎照腿上打了他一拳说："别吵！叫俺爹听见就糟了！"二锁伸了伸舌头，悄悄地问："怎么的？""怎么的，家里不让小孩子上渠子北面去，潮来了，跑不及就淹死了。"

"那咱们怎么办？"二锁有点胆怯了。

"不要紧，"大虎说。"潮一来咱就跑。"

舅舅披着件衣服站在门口，叫大虎到合作社送信去，大虎爬起来走了。二锁兴奋得胡思乱想起来，后来就昏昏沉沉睡过去了。他做了一宿梦，梦见自己和大虎挖了一大篓子蛤，抬也抬不动。可是就在这时潮来了，像一堵墙似的。他害怕得大哭起来。可是大虎已经浮着水跑掉了。潮水眼看来到跟前，他转身向沙滩里跑，可是迎面也是潮水。他用力一挣醒了过来，出了一身汗，心还在嗵嗵乱跳。日头已经爬到海当中的红山顶上，场上一个人也没有了。

二锁爬起来，夹着草帘跑回家。舅母在端饭，大虎在院里喂猪，姥姥在讲故事给小花所。吃饭了，二锁端起饭碗往嘴里直扒，好像嗓子是个直筒，饭一下子都流了进去。姥姥看得有点害怕了，放下饭碗望着他说："锁子，你看你那怎么个吃法！"小花赶快探着头看二锁是怎么个吃法，可是二锁已经吃完了。

二锁溜到院子门口等大虎，左等右等大虎才出来了。他们相互使了一个眼色，就撒腿跑起来。

忽然后面有人喊："虎子，你又领二锁上哪去？也不把院子收拾收拾！"是舅舅的声音。大虎像个开足马力的小汽车，一下子刹住了。二锁的心凉了半截，可是姥姥出来说话了："叫他们去跑跑吧！成年到头在学校里，小鬼还放三天闲呢！"舅舅没有再阻挡他们，只是说："可不许上渠子北边去。"

大虎答应了一声，拉着二锁跑起来。

潮水已经退完了。天蓝蓝的，太阳照在金黄的沙滩上，有点耀眼。小蟹子开始打洞了，平坦的沙滩上布满了像豌豆一样的小沙球，可是还有无数的小沙球被小蟹子从洞里扔出来，这些湿漉漉的小沙球被阳光照着，像珍珠一般在空中打个转，又落到沙滩上。一阵轻微的海风吹到海滩上，带来了海水的热乎乎的咸味。

"糟了！忘了带篓子，也忘了拿小锄了！"大虎站下来说。二锁也跟着站下来。大虎往后看看，又看看太阳，摆摆手说："走吧，用手扒扒出来用小褂包着。"

他们又光着脚板在海滩上向前跑，松软的沙球在脚下沙沙响着，胸板舒服得有些发痒。跑了一阵，面前出现了一排不高的尖头八角的石岩。满潮的时候，这些石岩只露出个头头。二锁想："这已经站在海当中了。"转回头一看，姥姥家的房子已看不很清了。可是再往前一看，港渠子却还是一条隐隐约约的白线，像在岸上看到的一样。二锁问大虎："怎么还没走到？"大虎头也不抬地说："早着呢，十里地才走了三里。""十里？"二锁心里有些嘀咕起来，"这不是要跑到海里去吗？"大虎没回答，只顾往前跑。二锁不能在大虎面前露出胆小的样子，所以也只好跟着他往前跑。

跑过了沙滩就是烂泥滩，脚底下越来越难走了。烂泥掺着石头碴和碎蛤皮，又黏又滑又扎脚。二锁小心地把五个脚趾头插到烂泥里，慢慢地一脚一脚往前拔，可是还不断地摔跤，白裤子和白小褂都叫烂泥糊起来啦，屁股也跌得生疼。大虎却一跤也没有跌，平着脚板啪啪地走着，不时地站下来等等二锁。

日头快转到头顶了，终于走到了渠子边。哎呀，这港渠子老远看着像一条白线，到跟前却有这么宽，里边满可以走过一条大船呢。大虎三把两把把衣服脱光了，二锁也随着脱光了衣服。大虎一只手把衣服举到头顶上，慢慢地向水里走去。二锁也学着大虎的样子，紧紧地跟着大虎。落流的潮水很急，二锁沉不住气，几乎跌倒在水里。可是水并不深，只淹到腋窝，大虎终于扶着他走到了对岸。

过了渠子，就是一片金黄色的沙滩。这沙滩多大啊，简直望不到边。沙滩上连一个人影也没有。大虎放下衣服，两手就忙碌起来，在渠边靠水的沙滩上筑了两个沙堆。二锁正奇怪他在做什么，他就站起身来对二锁说："我往里走，里面蛤多。你可不要离开这里，看着潮水把这沙堆淹倒了，就招呼我，咱们就走。"二锁虽然有些不愿意，也只好答应了。

大虎光着屁股向前面跑去了。二锁就躺在水边的沙滩上，瞪着眼看着那两个沙堆。日头很毒，晒得他的身上起了一层白盐。不大一会儿，他就寂寞起来了。他抬起身子来看看，大虎已经走得很远。在远处的海面上，有几只海鸥在低低地飞着。他突然感到孤单起来，而且害怕起来了。怎么能不怕呢，这里连一个人也没有，连姥姥的房子也看不见，要是一下子来了海潮呢？他身上起了一层鸡皮疙瘩，不敢想下去了……

二锁记起上年伏天下河水的事来。那是一个大晴天，他和几个孩子们在家乡的河里洗澡。河水很清，也不深，但是忽然听见上流呼呼响，大家叫嚷起来。他抬起头一看，啊呀！下河水了！黄水头又猛又凶，足有二尺高，吓得他拔腿就往岸上跑。西街的小发死命地哭起来，喊着："二锁，拉我呀！我跑不动了！"可是二锁自己也跑不动了，哪能去拉他。幸亏当时富山叔在附近的打麦场上，拿着木权跑到河边，一权把小发挑了上来。小发的脸都吓白了……

可是慢慢二锁也就安心了。海现在是这样静，一动也

与你相遇多么幸运

095

不动。海鸥还在低低地飞。他看看沙堆，沙堆还是好好的，海水没涨也没落。时间不知过了多久，他有点发困，却又不敢睡，就用手去扒身边的沙。扒呀扒呀，忽然，手指碰着一个又滑又硬的东西。他一骨碌爬起来，一看，是个大花蛤！

二锁张开嘴要喊大虎，可是念头一转，没有喊出来。他想悄悄地扒一大堆，让大虎回来吓一跳。"哼，不要以为只有你才能找到花蛤，我也能找到哩！"他在心里说。

他劈开两腿站着，用两只手向后扒，果然，不一会儿又扒出了一个。他不顾一切地继续扒起来。汗顺着额角往下滴，手指甲已经磨光了，手指头渗出血来，可是他一点也没有觉得痛。他把扒出的每一个蛤的样子都记住了。他回家要告诉妈妈和妹妹，哪些蛤是他亲自扒出来的，而且哪个是头一个扒出来的，哪个是第二个扒出来的……

花蛤很老实，静静地躺地沙滩上，不跑也不动弹。可是二锁还是不放心，把它们搬得离开渠子远远的，周围又筑了一圈围墙，围墙又高又厚，围墙上面又盖上了自己的褂子和裤子。

二锁发狂似的执着，围墙里的"囚犯"越来越多了。"囚犯"很规矩，一点也没有要跑的意思。起初二锁还只是在附近扒，一边向围墙里张望着，可是慢慢地就放心了，就移动到远处去了，只是在押解一个新的"囚犯"的时候才回来一次。后来他觉得一个个往回运送花蛤太耽误时间，索性把小褂拿了去，扒到的花蛤都包到小褂里，集中到十个八个以后才往回运送一次。

时间是个怪东西，有时候一点钟比一天还长，有时候一天还没有吃顿饭的时间长。现在他专心地扒花蛤，觉得只过了一会工夫，但是偶然抬起头来看看，日头已经大偏西了。他猛地想起那两个沙堆来，心里一紧，就撒腿往回跑。跑到渠子边，他呆住了：沙堆不见了，渠子宽了，渠里的水也浑了。

二锁慌乱起来，他发疯一样地在沙滩上跑着，扬着两只手，挥着裤子和小褂，破着嗓子喊大虎。可是现在大虎在哪里呢？半天工夫，大虎的影子才在左边的沙滩上出现了，二锁就用更大的嗓音喊起来，迎着大虎跑去。跑一阵，觉得不对头，就又跑回渠子边看看。哎呀，海变得真快啊，海水嘶嘶的，一会儿就淹上来四五尺宽。他又迎着大虎跑去。这时大虎也朝着这边跑过来了，可是他跑得多慢呀！唉，三岁的小孩也比他跑得快。

大虎跑到跟前一看，什么都明白了。他气狠狠地看一看二锁，什么话也没有说。这时海水已经淹到脚底下，渠子差不多比先前宽了一倍。二锁看看水，又看看大虎，忽然大声哭起来。

大虎停了停说："试试吧！你抓住我的脚，看能不能带过去。"

二锁一下子不哭了。大虎在前面走，二锁跟在后面。水淹到膀子了，大虎平着身子浮起来，两只小腿一蹬，像条梭鱼。二锁连忙用两手拉住大虎的一只脚。可是两人一起沉下去了。大虎很快钻出水来，拉着二锁的胳膊，把他拉回到原来的岸上。二锁像呆了一样，哭也哭不出声了，紧紧拉住大虎的胳膊。这时大虎的脸色也变了。

渠子的水还是嘶嘶地向沙滩上淹着，眼看淹到二锁圈花蛤的围墙边了。大虎一转头看见了二锁的白棉布裤子，他跳过去一把把它抓起来。一忽儿，他已经用裤带的两头扎住了裤脚，把裤子按在水里湿透了，又拿起来在空中一甩，接着啪地往水里一按，两个裤筒鼓鼓地装满了空气，水面上就出现了两个大气泡。他一只手抓住裤腰，一只手把二锁拉过来，不由分说地把二锁按倒在水面上，将两个鼓鼓的裤腿套在他的腋窝底下。"使劲握着裤腰，千万别撒手！"他在水底下把裤腰交给二锁说，然后就一只手拨着水，一只手拉住二锁向对岸游起来。裤筒里的空气在嘶嘶地响着。

多么急人啊！一尺，二尺……大虎费力地用一只手向前游着。啊，中流过去了，可是气泡渐渐小了，二锁的身子在慢慢沉下去。大虎用尽最后的力气又向前游了丈把远，往水里一站，水只淹到腰部。二锁欢喜得心都快要跳出来，也不知道怎么跑上了岸。

大虎说："等等，我回去把东西拿过来。"说罢就又游了回去，一会儿又游过来了，拿回了自己的衣服和二锁的小褂，小褂里鼓鼓地包着一包蛤，有大虎挖的，也有二锁挖的。

两个人朝着村庄的方向跑起来。二锁没有落在大虎的后面，没觉出脚痛，也没觉得累。跑呀，跑呀，已经跑过石岩了。二锁回头一看，身后已是白茫茫的一片，海已经跟上来了。大虎说，这里的海比南面的海走得快，一点钟能走七八里。可是，不管海跑得怎样快，却终于落到后面了。二锁的心里轻松起来了。不大一会，他们已经来到村头上。一个姑娘挑着水桶到井边打水，看见他们，用一个指头划着脸对他们说："不害羞，光着跑回来了。"接着又说："大叔找你们到处都找遍了，还不赶快回家去！"

两个人来到一棵树底下，大虎帮着二锁把裤子解开，拧了拧水，晾在树上。现在大虎已经顾不上像往常那样跟他开玩笑，说他成一条刀鱼了，只是慌忙穿上衣服，一声不响地坐在草地上，害愁回去后怎么对父亲交代。二锁心里也乱得很，说不出是什么滋味。他抬头向北看了一眼，那里是白茫茫的一片，他的身上不由打了个冷战。他又看了看大虎，大虎在他眼里已经变了样，他有多么好啊！为什么过去他不觉得大虎好呢？他突然对大虎说："大虎，你听我说，我对你好，心里真对你好，咱们一辈子做个好朋友行吗？"

可是大虎什么也没有回答。他两手攀着膝盖坐着，皱着眉头望着远处的海，过了好大一会，才对二锁说："回去我爹要问起来，你什么也不要说好不好？要说，你就说是我引你到北边港渠子跟前去的，潮水没涨我们就回来了。……"

　　这个故事充满了童心童趣。大虎的壮胆、二锁的胆小又好面子，都充满了孩童般的天真，作者将对于童真童趣的喜爱之情、对于海边生活的安逸之感都生动形象地表达了出来。结合文章，说一说二锁挖蛤过程中的情感变化。你认为大虎是个怎么样的人？

导读

　　小兔子给我们的感觉是温柔可爱的，现在我们将跟着季羡林先生一起走进他和小兔子的故事，而且这是一只有着宝石似的眼睛的故乡里的兔子。

兔 子

季羡林

　　不记得是什么时候，大概总在我们全家刚从一条满铺了石头的古旧的街的北头搬到南头以后，我有了三只兔子。

　　说起兔子，我从小就喜欢的。在故乡里的时候，同村的许多家里都养着一窝兔子。

　　在地上掘一个井似的圆洞，不深，在洞底又有向旁边通的小洞，兔子就住在里面。不知为什么，我们却总不记得家里有过这样的洞。

　　每次随了大人往别的养兔子的家里去玩的时候，大人们正在扯不断拉不断絮絮地谈得高兴的当儿，我总是放轻了脚步走到洞口，偷偷地向里瞧——兔子正在小洞外面徘徊着呢。

有黑白花的，有纯黑的。我顶喜欢纯白的，因为眼睛红亮得好看，透亮的长耳朵左右摇摆着。嘴也仿佛战栗似地颤动着，在嚼着菜根什么的。蓦地看见人影，都迅速地跑进小洞去了，像一溜溜的白色黑色的烟。

倘若再伏下身子去看，在小洞的薄暗里，便只看见一对对的莹透的宝石似的眼睛了。

在我走出了童年以前的某一个春天，记得是刚过了年，因为一种机缘的凑巧，我离开故乡，到一个以湖山著名的都市里去。

从栉比的高的楼房的空隙里，我只看到一线蓝蓝的天。这哪里像故乡里锅似的覆盖着的天呢?

我看不到远远的笼罩着一层轻雾的树，我看不到天边上飘动的水似的云烟，我嗅不到土的气息。我仿佛住在灰之国里。终日里，我只听到闹嚷嚷的车马的声音。在半夜里，还有小贩的叫声从远处的小巷里飘了过来。

我是地之子，我渴望着再回到大地的怀里去。当时，小小的心灵也会感到空漠的悲哀吧。

但是，最使我不能忘怀的，占据了我的整个的心的，却还是有着宝石似的眼睛的故乡里的兔子。

也不记得是几年以后了，总之是在秋天，叔父从望口山回家来，仆人挑了一担东西。上面是用蒲布包装的有名的肥桃，下面有一个木笼。

我正怀疑木笼里会装些什么东西，仆人已经把木笼举到我的眼前了——战栗似的颤动着的嘴，透亮的长长的耳朵，红亮的宝石似的眼睛……

这不正是我梦寐渴望的兔子么？记得他临到望口山去的时候，我曾向他说过，要他带几个兔子回来。当时也不过随意一说，现在居然真带来了。这仿佛把我拉回了故乡里去。我是怎么狂喜呢？

笼里一共有三只：一只大的，黑色，像母亲；两只小的，白色。

我立刻舍弃了美味的肥桃，东跑西跑，忙着找白菜，找豆芽，喂它们。我又替它们张罗住处，最后就定住在我的床下。

童年在故乡里的时候，伏在别人的洞口上，羡慕人家的兔子，现在居然也有三只在我的床下了。对此，这简直比童话还不可信。

最初，才从笼里放出来的时候，立刻就有猫挤上来。兔子仿佛是很胆怯，伏在地上，不敢动。耳朵紧贴在头上，只有嘴颤动得更厉害。把猫赶走了，才慢慢地试着跑。我一转眼，早又跑到床下面去了。

有了兔子以后的第一个夜里，我躺在床上，辗转着睡不沉，听兔子在床下嚼着豆芽的声音。我仿佛浮在云堆里，已经忘记了做过些什么样的梦了。

就这样，我的床下面便凭空添了三个小生命。每当我坐在靠窗的一张桌子的旁边读书的时候，兔子便偷偷地从床下面踱出来，没有一点声音。

我从书页上面屏息地看着它们。先是大的一探头，又缩回去；再一探头，走出来了，一溜黑烟似地。紧随着的是两只小的，都白得像一团雪，眼睛红亮，像——我简直说不出像什么。像玛瑙么可比玛瑙还光莹。

就用这小小的红亮的眼睛四面看着，走到从花盆里垂出的拂着地的草叶下面，嘴战栗似的颤动几下，停一停，走到书旁边。嘴战栗似的颤动几下，停一停，走到小凳下面。嘴战栗似的颤动几下，停一停。

忽然，我觉得有软茸茸的东西靠上了我的脚了。我知道这是小兔正伏在我的脚下。我忍耐着不敢动，不知怎地，腿忽然一抽。我再看时，一溜黑烟，两溜白烟，兔子都藏到床下面去。

俯下身去看，在床下面暗黑的角隅里，便只看见莹透的宝石似的一对对的眼睛了。

是秋天，前面已经说过。我住的屋的窗外有一棵海棠树。以前常听人说，兔子是顶孱弱的。猫对它便是个大的威胁。

在兔子没来我床下面住以前，屋里也常有猫的踪迹。门关严了的时候，这棵海棠树就成了猫来我屋的路。

自从有了兔子以后，在冷寂的秋的长夜里，我常常无所谓地蓦地醒转来。窗外风吹着落叶，窸窣地响，我疑心是猫从海棠树上爬上了窗子。

连绵的夜雨击着落叶，窸窣地响，我又疑心是猫爬上了窗子。我静静地等着，不见有猫进来。低头看时，兔子正在地上来回地跑着。在微明的灯光里，更像一溜溜的黑烟和白烟了，眼睛也更红亮得像宝石了。

当我正要朦胧睡去的时候，恍惚听到"咪"的一声，看窗子上破了一个洞的地方，正有两颗灯似的眼睛向里瞅着。

第二天早晨起来，第一件要做的事情，就是伏下头去看，兔子丢了没有。看到两个小兔两团白絮似的偎在大的身旁熟睡的时候，心里仿佛得到点安慰。

过了一会儿，再回到屋里来读书的时候，又可以看到它们在脚下来回地跑了。其实并没有什么声息，屋里总仿佛充满了生气与欢腾似的。周围的空气，也软浓浓地变得甜美了。

兔子也渐渐不胆怯起来，看见我也不很躲避了。第一次一个小兔很驯顺地让我抚摸的时候，我简直欢喜得流泪呢。

 牵手阅读

季羡林先生是国际著名东方学大师、语言学家、文学家、国学家、佛学家、史学家、教育家和社会活动家，生前曾撰文三辞桂冠：国学大师、学界泰斗、国宝。在这篇文章里，季羡林先生带我们走进了他的童年，讲述了他和小兔子的故事，季老和小兔子真挚的友谊让我们感动，小兔子从胆怯害怕到亲近人的转变，也让我们感到欣喜。只要我们用真心对待动物，善待动物，人与动物也会有友谊。

生活在别处

导读

　　你知道吗，小企鹅是由企鹅爸爸孵化的，当小企鹅第一次看到世界时，它感慨于蓝天雪地的美丽，可这时，企鹅爸爸却告诉它一段话，是什么话呢？

小企鹅和爸爸

张秋生

　　大家都知道，小企鹅是由企鹅爸爸孵化的。

　　在冰天雪地的南极，企鹅爸爸站立着。在企鹅爸爸的白色肚子下面，有一块柔软的褶皮，褶皮后面有一处地方，像一间温暖的小房子，里面藏着一个小企鹅娃娃。

　　突然，娃娃的小脑袋从爸爸的白色褶皮下钻了出来。他第一次高兴地欣赏着世界。

　　小企鹅深深地呼吸了一下寒冷但很清新的空气，小脑袋朝四周转了一圈。

　　啊，多美的世界！

　　"哦，这天、这天空多么好看！"小企鹅惊奇地赞叹着。

"这是蓝色的天。"爸爸告诉他。

"哦，这地、这地的颜色真美丽！"小脑袋惊奇地摇晃着。

"这是白色的冰和雪。"爸爸告诉他。

"这世界就是由蓝色的天和白色的地组成的吗？"小脑袋惊奇地望着爸爸。

企鹅爸爸告诉宝宝："从我的肚子下面看世界，只能看到蓝色的天和白色的地，等你长大了，随着冰块出去闯闯，你还能看到绿色的树、红色的花和五彩的极光，世界是很大很大的，世界是非常美丽的……"

时间的模样

牵手阅读

　　在企鹅爸爸的肚子下面，小企鹅只能看到蓝色的天和白色的地，它以为这就是整个世界，就好像我们小时候，以为家、学校还有小公园就是整个世界。可是当你长大了，就会和小企鹅一样，看到更多美丽的事物。所以，不必害怕长大，这个很大的世界正在等待你去探索它。

导读

假如存在着这样一个村庄，村子里人和动物十分平等，做一个人不觉得有资格高傲，做一只动物不需要感到卑微。人，驴子，猪，狗，牛，甚至路边的一棵树，一只微小的夏虫，都有自己的活法。人畜共居的世界，人们与动物住在隔壁，互相影响又互相参与对方的生活，这样一个村子的存在会引起怎样的思考呢？

人畜共居的村庄

刘亮程

有时想想，在黄沙梁做一头驴，也是不错的。只要不年纪轻轻就被人宰掉，拉拉车，吃吃草，亢奋时叫两声，平常的时候就沉默，心怀驴胎，想想眼前嘴前的事儿。只要不懒，一辈子也挨不了几鞭。况且现在机器多了，驴活得比人悠闲，整日在村里村外溜达，调情撒欢。不过，闲得没事对一头驴来说是最最危险的事。好在做了驴就不想这些了，活一日乐一日，这句人话，用在驴身上才再合适不过。

做一条小虫呢，在黄沙梁的春花秋草间，无忧无虑把自己短暂快乐的一生挥霍完。虽然只看见漫长岁月悠悠人世间某一年的光景，却也无憾。许多年头都是一样的，麦子青了黄，黄了青，变化的仅仅是人的心境。

做一条狗呢？

或者做一棵树，长在村前村后都没关系，只要不开花，不是长得很直，便不会挨斧头。一年一年地活着。叶落归根，一层又一层，最后埋在自己一生的落叶里，死和活都是一番境界。

如此看来，在黄沙梁做一个人，倒是件极普通平凡的事。大不必因为你是人就趾高气扬，是狗就垂头丧气。在黄沙梁，每个人都是名人，每个人都默默无闻。每个牲口也一样，就这么小小的一个村庄，谁还能不认识谁呢？谁和谁多少不发生点关系？人也罢牲口也罢。

你敢说张三家的狗不认识你李四？它只叫不上你的名字——它的叫声中有一句可能就是叫你的，只是你听不懂。你也从不想去弄懂一头驴子，见面更懒得抬头打招呼，可那驴却一直惦记着你，那年它在你家地头吃草，挨过你一锨。好狠毒的一锨，你硬是让这头爱面子的驴死后不能留一张完整的好皮。这么多年它一直在瞅机会给你一蹄子呢。还有路边泥塘中的那两头猪，一上午哼哼叽叽，你敢保证它们不是在议论你们家的事？猪夜夜卧在窗根，你家啥事它不清楚？

对于黄沙梁，其实你不比一只盘旋其上的鹰看得全面，也不会比一匹老马更熟悉它的路。人和牲畜相处几千年，竟没找到一种共同语言，有朝一日坐下来好好谈谈。想必牲口肯定有许多话要对人说，尤其人与人之间的是是非非，牲口肯定比人看得清楚。而人，除了要告诉牲口"你必须顺从"，肯定再不愿与牲口多说半句。

人畜共居在一个小村庄里，人出生时牲口也出世，傍晚人回家牲口也归圈。弯曲的黄土路上，不是人跟着牲口走便是牲口跟着人走。

人踩起的尘土落在牲口身上。

牲口踩起的尘土落在人身上。

家和牲口棚是一样的土房，墙连墙窗挨窗。人忙急了会不小心钻进牲口棚，牲口也会偶尔装糊涂走进人的居室。看上去你们似亲戚如邻居，却又根本不是那么回事，日子久了难免把你们认成一种动物。

比如你的腰上总有股用不完的牛劲；你走路的架势像

头公牛，腿叉得很开，走路一摇三摆；你的嗓音中常出现狗叫鸡鸣；别人叫你"瘦狗"是因为你确实不像瘦马瘦骡子；多少年来你用半匹马的力气和女人生活、爱情。你的女人，是只老鸟了还那样依人。

数年前的一个冬天，你觉得一匹马在某个黑暗角落盯着你。你有点怕，它做了一辈子牲口，是不是后悔了，开始揣摩人。那时你的孤独和无助确实被一匹马看见了。周围的人，却总以为你是快乐的，像一只无忧无虑的夏虫，一头乐不知死的驴子、猪……

其实这些活物，都是从人的灵魂里跑出来的。上帝没让它们走远，永远和人待在一起，让人从这些动物身上看清自己。

而人的灵魂中，其实还有一大群惊世的巨兽被禁锢着，如藏龙如伏虎。它们从未像狗一样咬脱锁链，跑出人的心宅肺院。偶尔跑出来，也会被人当疯狗打了，消灭了。

在人心中活着的，必是些巨蟒大禽。

在人身边活下来的，却只有这群温顺之物了。

人把它们叫牲口，不知道它们把人叫啥。

　　本文原收录于散文集《一个人的村庄》，作者是当代作家刘亮程，被誉为"20世纪中国最后一位散文家"和"乡村哲学家"。人类作为食物链的顶端生物，总是站在主宰者的角度俯视其他生物，殊不知这正是一种真正的孤独。人类应该摆正自己的位置，认识到动物是我们长久的伙伴，平等才能收获快乐。你愿意在这样的村庄里生活吗？你觉得这样的村庄在现实生活中存在吗？

生活在别处

导读

　　树的生长有声音吗？我们常常通过眼睛了解这个世界，其实"听"也是认识事物的一种重要方式，这次让我们跟着安绍尼一起学着用耳朵来认识这个世界吧。

听树生长的人

［英］依列娜·法吉恩

　　那是一年中光秃秃的时候，不过你知道万物都已经开始生长，阳光穿过没有一片树叶的树枝，乌鸦在上面呱呱叫着，树下也没有什么低矮林丛遮掩什么东西，只有这里那里在潮气的滋润下有一些零星的紫罗兰和一些刚刚长出来的山靛，不久安绍尼就发现吉姆·斯托克斯躺在一棵树下，像是一根枯木头。他的背对着安绍尼，烟斗里喷出来的烟在他头上袅袅地盘旋。他听到小男孩来了，却并不回过头来，只是举起一个手指头，警告他保持安静。安绍尼尽量悄没声儿地走过去，在吉姆的身边坐了下来，背靠在树干上。

时间在一分钟一分钟过去，两个人坐在那里什么话也不说，安绍尼眼睛盯在地上，竖起耳朵仔细倾听，却什么也听不见，要是吉姆能听见什么。那他的耳朵一定特别尖，要不他一定能听得特别仔细。一个小时过去了，安绍尼受到深深的失望的折磨。就在他倾听的时候，他半信半疑地期待着他脚边的泥土里会有树长出来，可是周围的一切还是跟以前一模一样。

"这就是为什么你在犯错误。"吉姆说，他把烟斗从嘴里拿出来，又装满了烟叶，"你那是在看，而不是在听，你以为自己眼睛尖得足以看见树生长吗？闭上你的眼睛，不要去看，只要去听，你这个小笨蛋。"

他在安绍尼面前吞云吐雾，弄得他眼睛都刺痛了，视线也模糊了，安绍尼很乐意闭上他的眼睛。

"好了，好了！好了，好了！"

谁在说这话？

大地正在他下面摇晃，摇来摇去，摇来摇去，就像是一次次心跳一样。"那里——那里，那里——那里，来——来，来——来，好了——好了，好了——好了。"那些小小的种子还紧密地舒服地躺在大地的那张床下，但当大地摇来摇去的时候，它们身体的内部也不由自主地躁动起来。安绍尼听到它们在颤动，就像他自己的心在颤动一样。那是一些小小的种子，有的平平的，有的圆圆的，有的椭圆形的。还有小小的果实从橡树上重重地掉下来，还有从白蜡树上飞下来像小小翅膀一样的种子，还有从山毛榉果子里炸开来的一些小小的三角形的种子。大地挤满了这些种子，当大地把它们摇来摇去的时候，它们的心都在怦怦地跳。但是还没有一颗从地里露出来，更别说是在森林里它们的祖先之间冒出它们的尖尖来。

"啊，在这下面，一个什么样的森林就要长出来啦！"吉姆喃喃地说，一边大口大口地吸烟，大口大口地吐烟，"那是一个大得了不得的森林。"

"什么时候长出来，吉姆？"

"可能要一百年。我们看不到它蓬蓬勃勃了，不过我们可能会看到它萌芽生长。现在这里的高大树木到那时会灰飞烟灭，别的大树会代替它们的位置。再下去轮到它们灰飞烟灭了。仔细听那咔咔声，那是那边老橡树的声音。它在长，是不是？留神听这种咔咔声，我已经听了40年了。那边的栗树也在长，还有那棵小山楂树，竖起耳朵听，它从不停止，从不停止，直着长，扭着长，咔咔——咔咔，它们必须继续不断地长，要停也停不下来。嘘！"

"嘘——嘘！好了——好了！那里——那里！来——来！"

摇呀，摇呀！大地在摇。

怦啊，怦啊！安绍尼的心在跳。

他不再是一个小男孩，他是地里的一颗种子啦，什么样的种子？他得等多久才能知道自己是一棵又高又直的枫树，还是一棵小小的弯弯曲曲的小山楂树？

"那又有什么关系呢，直直的还是弯弯曲曲的，对大地来说全都一样，她一直在同样使它们继续不断地成长，到了末了它们全都要灰飞烟灭，到那时谁又知道它跟它有什么区别呢？留神听！"

"留神——留神！好了——好了！那里——那里！来了——来了！

一年过去了，安绍尼让他小小的芽尖从地缝里钻了出来。现在他刚刚能看到森林，那座他一定得在其他所有树中间占据一个位子的森林，它们一棵棵都那么高。有的那么美丽，有的那么古怪。那棵嫩嫩的优美的白蜡树像是他的妈妈。那么说来，她是一棵白蜡树。但是那棵槭树像是他的爸爸，他会不会变成一棵槭树呢？瞧那一棵古里古怪、扭扭弯弯的小山楂树，很像是吉姆·斯托克斯。难道他也会变成一棵扭扭弯弯的小山楂树？又一年过去了，接着又是一年，又是一年，安绍尼一直在长啊，长啊。他的嫩芽起先像花一样娇嫩，一年又一年，一点点变硬了，接着又一年又一年，变得很粗糙很粗糙了。

"小心那些兔子，"那些小山楂树提醒他说，"你还很不安全，它们一有机会就会把你啃了，那时你怎么办？"

不过兔子放过了他，许多年就这样溜了过去

有一个男人带着斧子来了，他把那些小山楂树丛清理掉了。

在下一年里槭树给砍了，再后来是那棵白蜡树。老森林里一棵又一棵老树消失了，新树一棵又一棵起来了。但森林还是森林，尽管里边的树一棵棵都不一样了。

六十年就这样过去了。安绍尼一直忙着在听万物的生长，也从来没有停止过看，现在他突然想看看他自己，看看他究竟是什么树。但是他看不到自己——他在密林的深处，实在太深。他可以探头看他周围所有别的树，只有一件事他无法看到——不知道他自己究竟是什么树。

"我是什么树？我是什么树？"他大声地嚷嚷道。

"你不要老是问那么多问题，问个不停。"吉姆·斯托克斯咆哮道，从嘴巴里取下烟斗又重新装满了烟叶。"那只会打搅那些东西。要是你不能把这些问题藏在肚子里，你还是带着它们回家去吧。"

安绍尼眼睛一眨一眨看着吉姆从新装满烟叶的烟斗里吐出大口大口的烟雾来。但是他无法让那些问题保持安静，它们挤满他的脑子，就像种子挤满了大地一样，他所能听到的只是那些问题发出的吵闹声，他再也听不到那些树生长的声音了。

所以他站起身来偷偷地溜走了，留下吉姆·斯托克斯一个人像是一段木头躺在树下，什么事情都抛在脑后，什么问题都不问一问，只是一边抽烟一边竖着耳朵听。

（徐朴 译）

 牵手阅读

　　本篇节选自《万花筒》，是英国作家依列娜·法吉恩的童话作品。她的一生为孩子们创作了三十多部小说，想象天马行空，文字诗意动人。故事中的吉姆是一个听够听见树生长声音的人，树生长的声音是什么样的呢？我们认识万事万物时，除了用视觉，也要记得用听觉、嗅觉等其他感官来感受哦。

将你镌刻在心里

导读

> 人在生活中会扮演很多角色，是父母也是子女，是姐姐也是妹妹，在各种身份中，有的角色一旦缺席将会对至爱的人产生一生的影响，这个角色就是妈妈。下面这封信就是在母亲空缺的岁月里，这位小姑娘的自我成长，让我们一起来看看吧。

妈妈，姥姥替你陪着我呢

王馨漪

谷鸿云女士：

你好，是不是很久没有人这么称呼你了。在不到四十年的时间里，你以姥姥姥爷的女儿青儿活着，你以小姨、舅舅踏实的大姐活着，你以银行里值得信赖的谷姐活着，以及你以永远不懂事的我的妈妈活着。辛苦了，虽然这句话很晚才和你说，但我真的很想和你说声辛苦了。

你在1969年出生，在1994年有了我，我们之间隔着二十五年的时光。然后我们因为上天给的缘分，在一起了卜余年。这段时间里，我一直以女儿的身份去认识你。但是在你走后，我开始试想，如果脱离了我们之间的血缘联结，你又是个怎样的你。

所以，我才会想着叫你的名字，来重新认识你。你知道吗，放假在家的时候，姥姥看见我那个像狗窝一样的床的时候，她总是会怪我说："怎么连你妈妈的一丁点好，你都没有学会？"这个时候，我总会找理由，心想"学不好也好，谁又会再成为一个像你一样的标杆呢"。

冬天的时候，我的皮肤很爱干，虽然才二十几岁，但是脚后跟总是会出现像是橘络一样的纹路，姥姥总是一边给我找药膏，一边唠叨地说："好根不强，烂根注。你妈的那点毛病，全到你身上了。"妈，你知道这个时候的我，听到姥姥这么说，竟然还有点开心。因为我觉得我们之间总算是又有点连接了，不管这个连接是好的还是坏的。

我有的时候，也会吃姥姥和小姨的醋。我和她们说，我都快把你和我在一起的经历都忘了，你能指望一个十岁的孩子记得多少事情呢。但是她们不一样，她们和你待的时间很久。姥姥会和我说，你妈当年考学很用功，但是就差了五分，那年她在家里哭得很难过。你妈来例假的时候，她会疼得在床上打滚……小姨会和我说，她和姨夫刚成家的时候，又生了双胞胎，日子过得很难，她姐姐总会给她钱，帮衬着她。所以现在她和姨夫，会替她姐姐帮衬着我。

我们之间待了十余年，又空了十余年，我在和他们接触的过程中，逐渐完成着对你的印象。所以有时候，我会觉得你真的还在。你在前三十五年的时间里，完成了各种的角色扮演，在空缺的年限里，他们帮助着你完成着对我母亲角色的扮演。因此，我很感激，老天能够选中我当你的女儿。

在你走后的十多年里，家里发生了很多的变化。村里进行了改造，除了家庙还保留着，剩下的都变成了楼房。姥姥姥爷终于可以不用再像从前一样，过着需要到屋子外面上厕所、冬天还要烧煤取暖的日子。他们搬上了楼房，冬天的暖气很足，姥爷每天中午都能在炕上打着呼噜，睡得呼呼的。姥姥会每天定时在炕上做按摩，照顾着姥爷的起居。只不过只有一点，让姥姥感到不满意。她总是会想起之前家里那口用土做的大锅，每当过年做菜的时候，她总会说要是还在原本的家里，用着我那口锅，这些菜早就做出来了……

从去年年末到今年年初，村子里走了许多老人。姥姥姥爷总会在听到消息后，再在一起盘算着村子里的生死变化，这种感觉让我很不舒服，像是在做告别，像是在倒计时一样。

年初的时候，我把教师资格证考出来了，姥爷知道后感觉有点吃了定心丸的样子。他会和我说："我和你姥姥运气好点的话，应该就能看见你的婚礼了，我们现在就盼着你能找个好工作，早点成家，我们再坚持陪你几年。"妈，你知道吗，在此之前，我一直以为我放假回家是去陪他们，实际上是他们在替你陪着我。

今年是姥姥姥爷金婚五十周年，我们在二月二那天一起去照了全家福，唯独少了你的全家福。在此之前，姥爷把家里的相册全都换成新的了，那四个破旧的相册里，记载着姥姥姥爷的大半辈子，你的一辈子，还有我的小辈子。在找拍照穿的衣服时候，姥姥翻出了你们之前买给她的首饰。她说，在她走后，要把你们给她的东西都还给你们，你给的，就顺带留给了我。

去拍照的时候，小姨怕我的身份尴尬，也懒得向照相的人解释种种，就把我算进了他们的一家四口里面。有时候，我会问她为什么对我这么好，她说要不怎么说姨妈也算半个妈呢。

妈，一时之间，和你絮絮叨叨了这么多，你是不是发现我竟然有着话痨的潜质。其实，这些话，不能概括你走后十余年间发生的半点变化，但总是要找出一些说给你听的。我知道，你也想听。

妈，我今年二十四岁了，模样比小时候长开了点，就是这身肉总让我发愁。长得越大，拥有的身份就会越多，但是在这么些身份之中，我最想扮好的就是你的女儿的角色。像你一样，成为弟弟们值得信赖的大姐，成为姥姥姥爷为之骄傲的外孙女，成为说出去会让人觉得有其母必有其女的谷姐的女儿。

我一直在努力，虽然这一路走来很累，真的很累，但好在都慢慢熬过来了。我们这边都不用你挂念，我会替你照顾好他们，只此一点，我希望你能保佑姥姥姥爷平安健康，再多陪我几年。最后还有一句，我很想你，妈。

女儿：童童

　　这是一封永远寄不出去的信，作者的母亲在她十多岁时就离开了人世，那个时候虽然她记不得一些事，但对母亲的爱一直留在心里。姥姥姥爷和小姨的陪伴使她养成了乐观的性格并健康地成长，虽然这一路走来很累，但好在都慢慢熬过来了。人越大，拥有的身份就会越多，但是在这些身份之中，作者最想扮好的就是女儿的角色。这是一封催人泪下的信件，做子女的最怕的就是"子欲养而亲不待"，趁着父母还年轻，大声说出你对他们的爱吧！

全世界的人都知道我丢了

李　娟

　　我三岁那年，一天傍晚妈妈从地里干完活回家，发现我不在了。她屋前屋后四处寻找，敲遍了所有邻居家的门，都没找到我。后来邻居也帮着一起找，翻遍了连队（我们当时生活在兵团）的角角落落。后来有人怀疑：莫不是我独自一人进了野地？又有人严肃地叹息，提到最近闹狼灾，某地某连一夜之间被咬死了多少多少牲畜……我妈慌乱恐惧，哭喊着去找领导。她捶胸顿足，哭天抢地，引起了连长和指导员的高度重视。于是连队的大喇叭开始反复广播，说李辉的女儿不见了，有知情者速来办公室报告云云。还发动大家一起去找。几乎连里的每一个人听到广播后都放下碗筷，拿起手电筒出了家门。夜色里到处灯影晃动。连队还派出了两辆拖拉机，各拉了十来个人朝着茫茫戈壁滩的两个方向开去。呼唤我的声音传遍了荒野。

半夜里，大家疲惫地各自回家。没有人能安慰得了我妈，她痛苦又绝望。妇女们扶着她回到家里，劝她休息，并帮她拉开床上的被子。这时，所有眼睛猛然看到了我。我正蜷在被子下睡得香甜又踏实。

我二十岁时，去乌鲁木齐打工。一次外出办事，忘了带传呼机，碰巧那天我妈来乌市办事，呼了我二十多遍都没回音。她胡思乱想，心慌意乱地守着招待所的公用电话。这时有人煽风点火，说现在出门打工的女孩子最容易被拐卖了，比小孩还容易上当受骗。我妈更是心乱如麻，并想到了报警。幸亏给招待所的服务员劝住了。大家建议说再等一等，并纷纷帮她出主意。她坐立不安，又不停地打电话给所有亲戚，发动大家联系乌市的熟人，看有没有人了解我最近的动向。然后又想法子查到我的一些朋友的电话，向他们哭诉，请求大家若是联系到我的话一定通知她。于是乎，我的所有亲戚和朋友一时间都知道这件事了，并帮忙进一步广泛传播，议论得沸沸扬扬。说我莫名消失，不理我妈，要么出事了，要么另有隐情……

我妈一整天哭个不停，在招待所里逢人就形容我的模样。告诉他们我叫什么，我是干什么的，来乌市多久了，现在肯定出了意外，如果大家以后能遇到这个女孩，一定想办法帮助她……大家一边安慰她，一边暗自庆幸自家女儿懂事听话，从来没有发生过跑丢了这样的事情。

除了没完没了地打电话和向人哭诉，我妈还跑到附近的打印店，想做几百份寻人启事。幸亏一时没有我的照片，只好作罢。否则的话我就更出名了。

而这些事，统统发生在一天之中。很快我办完事回家，看到二十多条留言时吓了一大跳，赶紧打的跑去那家招待所。一进大院，一眼看到我妈茫然失措地站在客房大门前，空虚又无助。我叫了一声"妈"，她猛一抬头，号啕大哭起来，一边快步向我走来，一边指着我，想骂什么，又骂不出来。但哭得更凶了，好像心里有无限的委屈。

直到很多年后，我有事再去那家招待所（那相当于我们县的办事处），里面的工作人员还能记得住我，还会对我说："那一年，你妈找不到你了，可急坏了……"并掉头对旁边的人津津有味地详叙始末。

这些年，我差不多一直独自在外。虽然和我妈联系得不算密切，但只要有一次联系得不通畅，她会生很大的气，不停地问："刚才为什么不接电话？为什么关机？"而我不接电话或关机肯定不是故意的，老被这么质问的话，我也会生气。然而，有时给她打电话，若遇到她不接电话，她关机的时候，也会不由自主地着急。并在电话打通的时候也会生气地连连质问为什么、为什么、为什么。

联系不到她时，我也会胡思乱想。但永远不会像她那样兴师动众，绝倒一大片。这些年来，她坚决不肯改变，仍然是只要一时半会儿联系不到我，就翻了锅似的骚扰我的朋友们。向他们寻求帮助，并神经质地向他们反复叙述自己的推理及最坏的可能性。大家放下电话总会叹息："李娟怎么老这样？"于是乎，我就落下个神出鬼没、绝情寡义的好名声。

而我妈则练就了一个查电话号码的好本领。无论是谁，只要知道了其工作单位和姓名，茫茫人海里，没有她逮不出来的。

如今我已三十岁，早就不是小孩子或小姑娘了，但还是没能摆脱这样的命运。

这段时间妈妈在乌市照顾病人，我独自在家。一天睡午觉，把手机调成了静音。于是那天她一连拨了三遍我都不知道。于是她老人家又习惯性地六神无主，立刻拨打邻居一位阿姨的电话，请她帮忙看一看我在不在家。那位阿姨正在地里干农活，于是飞快地跑到我家查看端倪。由于怕我家的狗，只是远远看了一下，见我家大门没有挂锁，就去向我妈报告说我应该在家，因为门没关。

可我妈把"门没关"误会成了大门敞开了，立时大惧。心想，我独自在家时一般都反扣着院门的，怎么会大打而开呢？于是乎，又一轮动员大会在我的左邻右舍间火热展开了。她不停地给这个打电话，给那个打电话，哀求大家四处去找我。说肯定有坏人进我家了，要不然大门为啥没关呢？还说就我一个人在家，住的地方又偏又荒，多可怕啊。又说打了三遍电话都没接，肯定有问题……很快，一传十，十传百，全村的人都知道我一个人在家出事了。

小地方的人都是好心人，于是村民们扛着铁锨（怕我家狗）一个接一个陆续往我家赶。大力敲门，大呼小叫。把我叫出门后，又异口同声责问我为什么不接我妈的电话，为什么整天敞着门不关……于是这一天里，我家的狗叫个不停，我也不停地跑进跑出，无数遍地对来人解释为什么为什么，并无数遍地道歉和致谢。唉，午觉也没睡成。

可是，她老人家怎么忘了咱家还有座机？既然手机打不通，为啥不试试座机呢？再说，我家养的狗这么凶，谁敢乱闯我家？真是……

有这样一个没有安全感的母亲，被她的神经质撼摇了一辈子心意——我觉得自己多多少少肯定也受了些影响，说不定早在不知不觉间，也成了一个同样没有安全感的偏执型人格障碍病患。真倒霉……弄得丁点大的小意外都忍不住浮想联翩，绵延千里，直到形成重大事故为止。太可怕了。

她没有安全感，随时都在担心我的安危，是不是其实一直在为失去我而做准备？她知道总有一天会失去我的。她一生都心怀这样的恐惧而活着。并且这悲伤和痛苦不停地积累，日渐沉重。每当她承受不了时，便借由一点点偶然的际遇而全面爆发出来。她发泄似的面向全世界的人跺脚哭诉，让全世界的人都知道我丢了。因为她的痛苦和不安如此强烈巨大，非得全世界的人一起来分担不可。她是最任性的母亲，又是最无奈的母亲。

牵手阅读

可怜天下父母心，母亲的做法看似"小题大做"，却是关心则乱。从拥有女儿的第一天起，母亲的世界就不只属于自己了，子女才是最重要的。母亲没有安全感，都是因为对于孩子太过偏执的牵挂和担忧，这样的爱，令人动容。其实我们每个人的父母都是这样，从子女降生，就注定了一辈子的牵挂。结合文章内容，作者一共"丢了"几次？你有过类似的经历吗？

我与祖父

萧　红

呼兰河这小城里边住着我的祖父。

我生的时候，祖父已经六十多岁了，我长到四五岁，祖父就快七十了。

我家有一个大花园，这花园里蜂子、蝴蝶、蜻蜓、蚂蚱，样样都有。蝴蝶有白蝴蝶、黄蝴蝶。这种蝴蝶极小，不太好看。好看的是大红蝴蝶，满身带着金粉。

蜻蜓是金的，蚂蚱是绿的，蜂子则嗡嗡地飞着，满身绒毛，落到一朵花上，胖圆圆的，就和一个小毛球似的不动了。

花园里边明晃晃的，红的红，绿的绿，新鲜漂亮。

据说这花园，从前是一个果园。祖母喜欢吃果子就种了果园。祖母又喜欢养羊，羊就把果树给啃了。果树于是都死了。到我有记忆的时候，园子里就只有一棵樱桃树，一棵李子树，为因樱桃和李子都不大结果子，所以觉得它们是并不存在的。小的时候，只觉得园子里边就有一棵大榆树。

这榆树在园子的西北角上，来了风，这榆树先啸，来了雨，大榆树先就冒烟了。太阳一出来，大榆树的叶子就发光了，它们闪烁得和沙滩上的蚌壳一样了。

祖父一天都在后园里边，我也跟着祖父在后园里边。祖父戴一个大草帽，我戴一个小草帽；祖父栽花，我就栽花；祖父拔草，我就拔草。当祖父下种，种小白菜的时候，我就跟在后边，把那下了种的土窝，用脚一个一个地溜平，哪里会溜得准，东一脚西一脚地瞎闹。有的菜种不单没被土盖上，反而被踢飞了。

小白菜长得非常之快，没有几天就冒了芽了，一转眼就可以拔下来吃了。

祖父铲地，我也铲地；因为我太小，拿不动那锄头杆，祖父就把锄头杆拔下来，让我单拿着那个锄头的"头"来铲。其实哪里是铲，也不过趴在地上，用锄头乱勾一阵就是了。也认不得哪个是苗，哪个是草。往往把韭菜当作野草一起地割掉，把狗尾草当作谷穗留着。

等祖父发现我铲的那块满留着狗尾草的一片，他就问我："这是什么？"

我说："谷子。"

祖父大笑起来，笑得够了，把草摘下来问我："你每天吃的就是这个吗？"

我说："是的。"

我看着祖父还在笑，我就说："你不信，我到屋里拿来你看。"

我跑到屋里拿了鸟笼上的一头谷穗，远远地就抛给祖父了。说："这不是一样的吗？"

祖父慢慢地把我叫过去，讲给我听，说谷子是有芒针的。狗尾草则没有，只是毛嘟嘟的真像狗尾巴。

祖父虽然教我，我看了也并不细看，也不过马马虎虎承认下来就是了。一抬头看见了一个黄瓜长大了，跑过去摘下来，我又去吃黄瓜去了。

黄瓜也许没有吃完，又看见了一个大蜻蜓从旁飞过，于是丢了黄瓜又去追蜻蜓去了。蜻蜓飞得多么快，哪里会追得上。好在一开初也没有存心一定追上，所以站起来，跟了蜻蜓跑了几步就又去做别的去了。

采一个倭瓜花心，捉一个大绿豆青蚂蚱，把蚂蚱腿用线绑上，绑了一会，也许把蚂蚱腿就绑掉，线头上只拴了一只腿，而不见蚂蚱了。

玩腻了，又跑到祖父那里去乱闹一阵。祖父浇菜，我也抢过来浇，奇怪的就是并不往菜上浇，而是拿着水瓢，拼尽了力气，把水往天空里一扬，大喊着："下雨了，下雨了。"

太阳在园子里是特大的，天空是特别高的，太阳的光芒四射，亮得使人睁不开眼睛，亮得蚯蚓不敢钻出地面来，蝙蝠不敢从什么黑暗的地方飞出来。是凡在太阳下的，都是健康的、漂亮的，拍一拍连大树都会发响的，叫一叫就是站在对面的土墙都会回答似的。

花开了，就像花睡醒了似的。鸟飞了，就像鸟上天了似的。虫子叫了，就像虫子在说话似的。一切都活了。都有无限的本领，要做什么，就做什么。要怎么样，就怎么样。都是自由的。倭瓜愿意爬上架就爬上架，愿意爬上房就爬上房。黄瓜愿意开一个谎花，就开一个谎花，愿意结一个黄瓜，就结一个黄瓜。若都不愿意，就是一个黄瓜也不结，一朵花也不开，也没有人问它。玉米愿意长多高就长多高，它若愿意长上天去，也没有人管。蝴蝶随意地飞，一会从墙头上飞来一对黄蝴蝶，一会又从墙头上飞走了一个白蝴蝶。它们是从谁家来的，又飞到谁家去？太阳也不知道这个。

只是天空蓝悠悠，又高又远。

可是白云一来了的时候，那大团的白云，好像散了花的白银似的，从祖父的头上经过，好像要压到了祖父的草帽那么低。

我玩累了，就在房子底下找个阴凉的地方睡着了。不用枕头，不用席子，就把草帽遮在脸上就睡了。

牵手阅读

　　萧红是中国近现代女作家，代表作有《呼兰河传》等。本文中作者对儿时生活的眷恋和喜爱、对大自然风光的热爱、对自由生活的无比向往，构成了文章的情感脉络。"祖父"是一个朴实和蔼、温暖慈祥的人，在和祖父一起生活的过程中，处处充满了欢乐。阅读全文，说出你最喜欢哪个自然段？为什么？

油纸伞

彭学军

　　平台上，我撑着一把硕厚的大红伞，那是我用许多氢气球拼成的。阳光下，透明如水泡似的氢气球连缀成一幅巨大的伞面，所有的线都拴在一根竹竿上。撑着它走，这般轻盈，这般美妙。一阵温润的风吹过来，我松了手。

　　纯净的天空下，那"伞"迅速地朝天尽头飞去，变成柄逼真的油纸伞时，它凝滞不动了，如贴在淡蓝色绸缎上的一幅剪纸，隽永古朴，归于永恒。

　　啊，油纸伞，真是我的油纸伞！

　　我似能握它入手，擎它斜斜地靠在肩上，款款地走进那遥远的我日思夜想的小镇。

　　小镇偏远、宁静、拙朴而又秀逸。十岁以前我和奶奶生活在那里。那时父母在更偏远的山沟里的一个什么工厂工作，一年或几年才来看我一次。我觉得他们有点儿像冬天的雪，好久好久才来一次，又薄薄的一层，不等享尽它的美妙就化了——自然，那时我无法理解"雪"的无奈。

　　这些年来，每每我启开童年的窗户回望昨日的风景时，都能看见一柄柄红艳艳的油纸伞，舒展轻盈如蒲公英带着茸毛的种子，在我童年纯净的天空下粲然飘舞。因此天晴也罢，落雨也罢，如果我走在小镇那平滑光亮的青石板路上，必是要擎一柄油纸伞的——不撑油纸伞的女人不是小镇的女人；同样，不撑油纸伞的女孩儿也不是小镇的女孩儿。

　　那时花花绿绿各式各样的折叠伞已传入小镇，但一向喜新羡奇的女人女孩儿，却对这拙朴而艳丽的油纸伞表现出了一种异乎寻常的执着。就连嫁到小镇上的新娘子——无论迎亲的方式怎样：是用轿子抬还是用自行车驮（更有摆谱的用小车接）——一踏上进镇的青石板路，新娘子就得下轿下车，擎一柄红艳艳的油纸伞，一脸幸福一脸娇羞，红衣红裤红鞋红伞鬓角一朵红绢花，在一镇人的簇拥下红彤彤地走进洞房、走向未来的生活。

　　在我知道了奶奶的故事后，我就想这习俗是不是从奶奶那儿开始的？

奶奶固执地认为油纸伞是从他们那辈人兴起的。奶奶说，那时再穷的人家也要给女孩儿买一把油纸伞。赶集走亲戚或看赛龙舟都撑着，说是遮阳还不如说是摆俏，灿灿的阳光透过红艳艳的伞面在女孩儿脸上抹了一层淡淡的胭脂。奶奶就是十七岁那年去镇上赶集撑着把油纸伞、悠摆一根乌黑的大辫子俏眉俏眼地从伞铺前走过时，让里面一个书生模样的学徒看上的。一出师，那"书生"就火急火燎地托人去奶奶家说亲。奶奶家有几亩薄地，日子过得小康，她父母自然看不上一个做伞的。那"书生"碰了壁也不泄气，关了门日夜发了疯似的做伞。一日，春雨潇潇，奶奶一家听得大门外远远近近一片爆竹声，便跑出来看热闹。只见一溜红光熠熠的油纸伞蜿蜒而至，如一条溢彩流光的红绸带在山间抖动。奶奶一家真真看傻了眼，还没回过神来，那"书生"擎着一柄精致小巧的油纸伞来到奶奶面前……后来的事奶奶自己也说不清了，不过她说她一辈子都记得爷爷当时说的一句话。爷爷说，从这里到镇上二十多里路，他的伞柄柄相连。他不会让奶奶淋一星半点儿的雨，一辈子都这样，为她为子孙后代遮风避雨。奶奶一听，当即就晕晕乎乎起来，以至于当爷爷说如果愿意嫁

时间的模样

给他就接过他手上的这柄伞时，竟不顾父母大人的捶胸顿足，毫不犹豫地伸出了那只戴有银手镯的白嫩的手⋯⋯

我第一次看见奶奶的油纸伞是五岁那年。那年清明，奶奶带我去给爷爷上坟。以前她都是独自去，奶奶迷信，她说五岁以前的小孩能看见鬼，她怕爷爷出来时吓着我。

奶奶每年去给爷爷上坟都要带三件东西：四个蒿菜粑、一瓶老酒和一把油纸伞。这自然说明爷爷和我一样喜欢吃奶奶做的蒿菜粑，也和隔壁放排的阿强一样喜欢喝酒。那么，油纸伞呢？

那无疑是天底下最最美丽最最珍贵的油纸伞了。伞柄和伞骨子都是用竹子做的，极光亮又极纤巧，伞面猩红如霞、透亮如羽翼，伞边围了一圈灵灵巧巧的金银花，撑开时一股清香的桐油味袅袅开去……

第一次给爷爷上坟，当奶奶跪在坟头撑开这把油纸伞时，我疑是天上的一朵红云落了下来——其实那真是一朵红云，它落在了奶奶的青春里，凝结成奶奶鬓角一朵长开不败的玫瑰花，将奶奶的青春装扮得格外动人、格外富于生命的内涵；后来它又落在了我的生命里，它陡然间舒展得无限宽广，如神话传说中的飞毯，驮着我逃出了死亡的阴霾……

爷爷的油纸伞是富于灵性的，它以一种不可抗拒的神秘的力量，帮助爷爷实现了他的诺言。

那是抗战的最后一年。一个闷热欲雨的下午，奶奶从学堂接刚刚上小学的爸爸回来，一个鬼子骑兵从天而降，突然出现在他们面前。鬼子骑兵眯着眼，邪佞地盯了奶奶几秒钟后，猛地攥住奶奶的手臂往马上拉，爸爸哭喊着扯着奶奶的衣服不放。鬼子骑兵拔出刀朝爸爸刺去。手无寸铁惊恐万状的奶奶竟撑开油纸伞去挡——那只是处于绝望之中的一个下意识的行为，奶奶并未突发奇想，奢望这薄如羽翼的伞面陡然坚如盾牌。可没想到，猛然出现的一团火一般的红让那马受了惊，它仰天长嘶一声，然后撒开四蹄朝前面狂奔过去。鬼子骑兵从马上坠下来，被活活拖死了。

爷爷知道这是躲不过的灾难，就让奶奶带着爸爸先到乡下亲戚家去躲躲，他处理好伞铺里的一些事随后就来。为了保护他们母子，爷爷是有意留下来的，他知道鬼子的秉性，不索回一条性命他们是不会罢休的。

果然，三天后奶奶听说鬼子兵撤走了，带着爸爸回到小镇时，伞铺已变成了一片废墟。奶奶从一堆焦木下翻出这把油纸伞，撑开一看竟精美如初。奶奶就想起了爷爷当年擎着这把伞站在她面前说的那句令她一生一世都心醉神迷的话，顿时泪如泉涌……

现在几十年过去了，每每撑开这柄伞，都是一种炫目的感觉，它依旧精美如初、艳丽如初，甚至亮泽馨香如初，似夏日的早晨刚刚舒瓣，叶蕊缀满了晶莹剔透的露珠的荷花。岁月的风尘没有在它身上留下一丝一毫的痕迹。望着它，我常常耽于这么一个疑问：爷爷，您的油纸伞是用什么做的？

临窗的是一条河，河水不深不宽也不急，却虚张声势地唤作沱江，小镇也就叫沱江镇。沱江从小镇中心穿过，河的两边是积木似的吊脚楼，两溜吊脚楼的头和尾各有一座石桥。桥很古老，桥头的石狮已被历朝历代的雨雪风霜侵蚀得失却了往日的峥嵘。

吊脚楼一半在岸上，一半在水中。在水中的部分用粗粗的柱子撑着。岸上的一半做堂屋、灶屋；水上的一半做卧房，临河的一面开了窗。下雨的日子不能出去玩，我就坐在窗前看景——其实也没什么好看的，河对岸的景和在河对岸看这边一样：一溜让雨裱糊得灰蒙蒙的吊脚楼，像一幅挂旧了的画。河里也很单调，雨天排沙船也少。

这样枯坐了几日，见雨还是如老尼姑手里的佛珠一样无头无尾地下个没完，就问奶奶是不是落端午雨。奶奶说："笨，都四月底了，不是落端午雨还是落下秧雨？"于是让水汽浸得潮乎乎的心猛地活络起来。

端午快到了。

年年眼鼓鼓巴望的，除了大年就是端午了。自然脖子上会挂一枚五颜六色的丝线编成的鲜亮精巧的粽子，还能吃到花生、蛋黄、豌豆、腊肉等各种馅的粽子，但这些同看赛龙舟特别是跳伞舞比起来，简直算不得什么。

跳伞舞是祭河神的一种仪式。端午那天，在桥两边各排一行桌子，上面放着各家送来的粽子、灯盏窝、串豆腐……再选十个灵气俊秀的女孩儿，红衣、绿裤、油纸伞，踩着鼓点，伴着唢呐，跳一种欢快、简洁的舞，边跳边将这些祭品往河里扔，祈求河神享用了这些东西后行善施仁，不兴风作浪，保佑两岸生灵平平安安。这果然有效，镇上最老的人说，这条河至少有一百个年头没发大水了。

我七岁开始跳伞舞，是奶奶教的。奶奶自然没专门学过，奶奶是看会的。奶奶说，看了几十年还看不会？我们的吊脚楼离桥很近，根本用不着到桥上去挤，在窗口就能看得一清二楚。奶奶就这样扶在窗框上送走了一个又一个端午节。这年端午，奶奶送走了也许是她这一生中最为绚丽最为动情的端午节后，她没有想到不会再有跳伞舞的鼓点来敲她的窗棂了。

这天奶奶早早地把我叫醒，我胡乱地吃了几口粽子，就端坐在窗前让奶奶给我梳妆打扮。

小河在五月明澈而鲜润的阳光下熠熠生辉，像是漂了河的金絮银片。吊脚楼一头一尾两座石桥上已挤满了人，多是些好热闹好摆俏、撑油纸伞的小媳妇大姑娘，把平日里沉寂古旧的石桥装扮成了两道横流卧波的长虹。

奶奶给我梳了两个"茶花钮"，就是古时丫鬟梳的那种。然后奶奶让我换上崭新的红绸衣、绿绸裤——本来我有一套旧的，但奶奶说短了，就又新做了一套。然后，奶奶变戏法一样将一双做工十分精致的红缎鞋放在我脚边。

天啊，这么漂亮的鞋！我欢叫起来，这只配穿在走在青石板路上的新娘子脚上啊。我将它们揣在怀里，欣喜地望着奶奶。奶奶溢满慈爱的眼睛鼓励我试试，我便小心翼翼地把脚伸进去，刚好！它们那么温柔那么熨帖地包裹着我的脚。鞋面上一只俏丽的白蝴蝶萦绕在一簇似有缕缕清香逸出的野菊花前，欲飞欲栖。

这样打扮停当后，奶奶让我退两步，然后久久地端详着我，眼睛湿润如一泓春水。

但我并没有在这泓春水中沉醉多久，我急急地要出去，去摆俏，去炫耀。我知道这一刻自己一定跟仙女差不多。但奶奶拉住了我。

她从橱子里拿出一把油纸伞，缓缓地撑开。我眼前陡地一亮，天，是爷爷的油纸伞！这把伞奶奶只有去给爷爷上坟时才撑着，她现在拿出来……是给我？不，怎么会呢！那是奶奶的宝贝，奶奶的依托，奶奶的命。

但是奶奶撑着它向我走来了，把它光亮的伞柄塞在我手里了。"好好跳，让爷爷看看。"奶奶说。

再没了摆俏和炫耀的欲望，我一颗躁动的心很快沉静下来了。

我明白了奶奶为何如此盛装打扮我——仅仅是为了让

这尊贵无比的油纸伞有一幅与之相称的美丽的背景。但是奶奶为何决定在这个端午节让我撑这把伞跳伞舞给爷爷看就不得而知了。

爷爷的油纸伞，我固然知道它的精美、绚丽、别致，但这一次让我尽善尽美领略到的是它那诡秘的灵性。真的！我擎它舞蹈时，觉得它的每一寸每一分都充满了灵性。它如风一般在空中旋转，幻成一幅美丽的裙裾，尔后又蜻蜓一样轻盈而准确地栖息在我的手里、肩上、头顶。而且它又是那样纤柔和顺，简直可以如一根红绸带任你挥舞。

我擎着它，腾跳，旋转，舒臂，举脚，在五月明丽的阳光下尽情地舞蹈着少女的灵巧、灿烂与妩媚。

这是我从未达到的境界。我的身体，我的精神，还有伞、太阳、石桥、石桥下的清流，都相与为一合成一具完美的透明体。穿过这个透明体，我看见了爷爷——看见爷爷撑着这把油纸伞殷殷地站在奶奶面前，看见这遮阳避雨的柔弱之物在强暴面前陡然坚如盾牌，看见了这一刻我之灵巧、之灿烂、之妩媚的最深沉的底蕴……然而，我看得最清晰的是不远处的木格窗框里突兀着一头白发的奶奶，我甚至能看见她脸上沧桑的皱纹和眼里浮游着的欣慰而又痛楚的泪光……

原以为这就是油纸伞对我所做的全部的承诺，后来才知道这只是一段优美晓畅、色彩斑斓的序曲。

如果"这条河至少有一百个年头没发大水"的说法准确的话，那么这场特大的洪涝是在第一百年的端午节第二天的午夜暴发的。

真是难以想象，只一夜工夫水就齐了楼板。事先没有任何征兆，洪水来得悄无声息，只是憋足了劲，一寸一寸地往上涨，像一个卑劣狠毒的阴谋家。人们睡得很香，他们万万没有想到前一天才饱饱地享用了粽子、油炸糕的河神会突然翻脸，背信弃义。

天灰蒙蒙时，骤然间雷鸣电闪，风雨大作。人们惊醒了，看见鞋子船一样在床边漂浮，骇然坐起，周围已是一片汪洋。

奶奶将我推醒时，房子已摇摇欲坠，她只来得及把我抱进一只大木盆，将她那柄油纸伞塞在我手里，然后把木盆猛地往窗外一推，房子便梦呓般呻吟了一声，如一位疲惫至极的伤兵悄然倒下，它的残肢遗骸让洪水一裹，消失得无影无踪。

奶奶！——

一声撕心裂肺的哭喊让风雨雷电隐匿得无声无息。

实际上是我无声无息地看着这一切。洪水不仅吞没了奶奶和房子，也吞没了我的一切意念，眼里心里纯然一片水的世界。直到一个大浪扑来，掀翻了我的木盆，清凉的水使我猛醒过来，我才记起刚才的一幕，才喊出刚才的惊骇与悲怆：奶奶！——

我闭上眼睛，我觉得自己是死了，死在奶奶的怀抱里，软软的，柔柔的，真舒服，又像是睡在摇篮里，奶奶边摇边哼着一支古老的歌谣：

女崽崽

困觉觉

一梦梦到红花轿

红伞伞

亮盏盏

一路红伞青石板

我像是真的听到奶奶在唱了，声音苍老而又轻柔，忧悒而又欢欣……这是怎么啦？难道我还活着？我猛地睁开眼睛，一片绯红的云霞铺满了我的世界。不见黄水，不闻雨声，这是我再生的情景还是初生的记忆？

那是我来到这个世界的第五天，奶奶来接我和妈妈出院。妈妈抱着我，头上围了条白毛巾。我们走出医院不久就淅淅沥沥下起雨来，奶奶赶紧撑开油纸伞，我立刻感到了一团润泽柔和的红光，同时闻到了一股桐油的清香味，然后我像是很有艺术天赋地沉浸在错落有致的雨点在伞面上弹奏出来的十分清亮悦耳的音乐中。后来读到白居易《琵琶行》里的"大珠小珠落玉盘"时，我就想，这美妙的声音我在襁褓里就听过了。

她们边走边絮絮叨叨地议论着我的五官和肤色，然后奶奶开始阐述她对我一生的预见。哦，想起来了，奶奶说我大福大贵，长命百岁，那么是奶奶在保佑我？抑或是爷爷那句不朽的诺言在庇护他的后代？哦不，是油纸伞，油纸伞凭着它的纸面竹骨始终带着我漂浮在黄水浊浪之上，好几次我被狠狠地压在了浪底，但总有一股神奇的力量奋力把我拯救出来。一个古老的疑团又一次在心海闪闪烁烁：爷爷，您这油纸伞是用什么做的？这疑团就像是一片温软稠酽的春泥，我常常赤脚陷进去而又拔不出来，就任它暖暖地包裹着我。

不知油纸伞带着我漂了多久，感觉到不过是撑着它跳了一场伞舞，又像是跟着它跨越了一道死亡的巨壑，一艘营救的船终于发现了我们。几乎在我被一双有力的大手托起的同时，油纸伞如一位耗尽了最后一丝气力的勇士，疲弱地瘫软下来，一个大浪扑来，它残荷一般在浪尖上一闪就消失了。

我望着黄浊的水，没有哭喊，我知道它完成了自己的使命，去寻奶奶去了……

以后我随父母去了山里，不久又随父母的单位从最偏远的山沟迁到了最繁华的大都市。

生活的落差太大，我一下子适应不了。在最初的那些郁闷孤寂的日子里，我常常把自己关在小屋里，冥冥之中，又似握住了油纸伞。我将它撑在屋子中央，一股清香的桐油味雾一般弥漫开去，我似乎还看到了它在素雅的地板上投下的一团淡红的光……

我想油纸伞既有灵性、有生命，也该是有魂的。我就是仰仗它的魂度过了那段心灵困苦的日子。现在好了，我的生活已如那遥远的被唤作沱江的小河，欢畅伶俐地向前流去。

今天又逢端午，奶奶去了整六个年头。我用氢气球拼了一把大红伞，托它去替我祭奠我童年的故事。

再看"油纸伞"，它似乎又小了些，又小了些，它朝着奶奶、爷爷，朝着我的童年，朝着南方那缀满油纸伞的美丽的小镇悠悠地飘去。但我总也看得见它——不论它飘多远，飘到何处，我总也看得见它。我想这一生一世它也飘不出我的视线了。

 **牵手阅读**

在拥有纯净风土人情的湘西，作家塑造了一个又一个纯美的人物形象，结局也带有浪漫色彩。爷爷的死以另外一种形式存在于"我"和奶奶的生命中，虚构与幻化的交织极富神秘感，然而解开这神秘感的又是最简单的爱——亲情爱情。

写信悄悄说

导读

我们的爸爸大都是平凡的，每天兢兢业业地上班工作，早出晚归。但是在下面这个小作者眼里，她的爸爸从未平凡。

写给从未平凡的爸爸

孙雅欣

亲爱的爸爸：

从前很少给你写信，执笔竟一时不知该从何说起。笔杆在纸上投下长长的影子，思绪又回到了无数个昨天。

你开车带我出门，我总喜欢在后座上叽叽喳喳地说个没完。清晰地记得有一次，我托腮望着车窗外疾驶而过的风景，向你抱怨年已十七的我却未曾踏出国门的惆怅，而你只是不以为意地笑笑，玩笑般地回道："我都四十好几了，也没有出过国呢。"

那时我竟局促得沉默不言，心里却有如滂沱大雨般汹涌不止。

我刚刚步入一个绚烂如花的季节，大好的青春年少在我面前漾成了海。可是，在你十七年的默默陪伴中，我却鲜有真正注视过你的时候。而对于你的年龄，我甚至还要掰着指头算一下才能得出结论——你已经四十五岁了。

纵观你的日常：送我上学，单位上班，加班到深夜。枯燥而单调的生活，一年到头没有什么改变。越来越疲惫的身躯，越来越沉重的任务，越来越无趣的生活，夹在触目惊心的清单中单曲循环。

有一天深夜，我揉着惺忪睡眼踱步而出，却依旧见你半掩的房门透出清光一缕。那帧画面至今烙在我的脑海深处——你桌上的茶还在黑暗中冒着热气，正方形的电脑荧屏上是密密麻麻的数据，你驼着背伏在电脑前，而我甚至看不出你眼中的神情，那是一种怎样的目光啊，疲惫又木然。你修长的手指在键盘上敲打着千篇一律的代码，生活就在指尖下无声溜走。

我的悲哀，如潮水般涌来。不为别的，只为你对这开不出花的岁月的接纳。

的确，这十七年来，我也早已习惯了你的早出晚归。从大学毕业到现在，你已经工作二十二年。忙碌，几乎成为你生活的代名词。在这重复的日子里，你是如何经受住日复一日的打磨的，我无法想象。我向来想不通你那一条路走到黑的执着，究竟是什么，让你在这单薄如纸的晴空之下保持着遥遥无期的忙碌？

我曾自作聪明地妄自揣测过你的内心。我说你是身陷沼泽的井下客，是一意孤行的苦行僧，在一成不变的世俗中无力挣脱，抑或是不愿挣脱。

生活的优越也给予了我精神的富足，从小，在你的睡前故事中闭上双眼，我的梦境便成了一场童话，处处生花。抛开现实的压力，我总是天真地认为，生活应该有梦有歌，世界应该有诗有远方——理想主义者不甘于黯淡不甘于平庸，要不枉此行方称快意。

看着你憔悴的面容和参差的胡茬，我曾无数次想过——我不会像你一样。

每个人都是自己世界里的小小英雄，哪怕负隅顽抗，也要勇敢寻找梦中的江湖，我的心随着各种媒体铺天盖地的信息蠢蠢欲动，人就该活一把潇洒痛快，最怕平凡碌碌一生。

望着你通宵达旦加班赶点的身影，品着你对生活的无奈和寂寞，我愈加不理解你对生活的选择。

那个夜晚在我的脑海中模糊了，已记不明晰了，只记得，星星格外地亮。

你盘腿坐在凉席上，手中握一把蒲扇，与我促膝长谈。也就是那时，我才真真切切地听到，你的童年，你的青春，被命运偷走了太多东西。

"只是拿那黏好的竿儿一戳，知了就被牢牢地黏在竿儿上，一动也动弹不得……折一片柳叶，对嘴吹，能吹出山歌的调调来……"你轻摇着蒲扇，叙述着自己童年在乡下的那段无忧岁月，越说越兴奋。我饶有兴趣地听着，眼前早已绘出了画面。

那是一个在阳光下绿得有些透明的小村，当时你也不过四五岁的光景，和一群小伙伴成天泡在林子里，捕虫捉鸟，爬山戏水，不亦乐乎。我能看到你们屏息凝气，一步步逼近树梢那些不知大祸将近还依旧高歌的知了，日光斑驳，透过花间缝隙泻了一地碎金。听到你为了摘枣爬上大树却摔得狼狈不堪，我还禁不住捧腹大笑，那时我着实羡慕你色彩斑斓的童年。

随着年龄的增长，你肩上的担子越来越重。不仅要上学读书，还要照顾年幼的弟弟、承担田务。那时的你比我现在小得多，却每天迎着浓重的夜色骑几十里的山路去镇外的学校，还在秋天的丰收时节被玉米锋利的叶子划得鲜血淋漓。有那么一天，依然是黎明到来之前，你因为饥饿倒在了上学的路上，不知多久后醒来，身上的衣服已被冷汗湿透。睡在山中的危险可想而知，望着我胆怯而担忧的眼睛，你也只是轻描淡写、付之一笑。

最黑暗的日子到来了，你还只是个和我一般大的少年，却经历了最刻骨铭心的逝亲之痛，我的爷爷奶奶相继离你而去。从此你独自扛起了生活，承担了所有我现在想都不敢想的酸楚。我想不出，一个孩子，要有多坚强，才能在经历了这一切之后直面生活。

你以县里第二的成绩取得了城市的通行证，成为村里唯一一个大学生，这都是后话。直到你因一首诗与我的妈妈邂逅，漫漫的家庭生活才在你面前徐徐展开。我眼中的平凡，是你用多少苦难换来的一隅之安啊！

爸爸，你可知，在一个尚不知道远方是何物的年纪，我就开始思慕所谓的远方。现在看来，不过是对眼前生活的一种乏腻罢了。少年人总是这样，三分钟热度，自以为能够面对生活的考验，实际上，远没有竞争的资格。

我不相信你没有野心，不相信你未曾考虑过那些轰轰烈烈。韶华易逝，你终究是选择了最奔波劳累又最枯燥无味的生活。可我再也无法自作聪明地去揣度你，因为我知

道，甘于接受平凡甚至平庸的生活，在千篇一律的日子里消磨着年少时的梦，你驻足的理由，是身后的一个家。

我以为我是对的，我说我不会像你一样。

可是如果我长大了，我的身后也有一个家需要养活，那我还能否抛开一切执念，追寻我的远方和洒脱吗？我当然不能。

你是我的爸爸，用最平淡的生活、最无声的语言，教会了我太多太多。

生于平凡，甘于平凡，或许将归于平凡，但你从未平凡。

我亲爱的爸爸。你的平凡，虽败犹荣。

你的女儿 雅欣

2018年8月14日

牵手阅读

　　这封信是作者写给自己父亲的，我们惊叹于作者年少却老成的文笔，将父亲与自己的往昔娓娓道来，平和中带着温情的力量。其实我们每个人的父亲都是平凡的，但正是这份平凡，给了我们不平凡的力量，给了我们面对人生、追寻远方的勇气与希望。读了这封信，你觉得你的爸爸是怎样的呢？爸爸的童年又是怎样的呢？

导读

　　曹文轩是中国当代著名作家，他写过很多优秀的少年读物、童话作品。但在他看来，儿子才是自己最得意的作品，也是自己心中永远的亏欠，他愿意哄着儿子长大。就让我们一起走进这位作家的内心世界，感受一位作家父亲的心路历程。

爸爸愿意哄着你长大

曹文轩

蒙蒙，我的儿了：

　　爸爸在给你写信。爸爸也许会在给你这封信时，突然改变主意而将它压下。爸爸并不一定要让你看到这封信，爸爸只是有话要说——写了信，就等于和你当面说话了。也许过一些日子，我又会将它交到你手上，也许会过很久很久，也许永远尘封直到它风化成纸的碎末。

　　几年前，你妈妈去美国了，我们又开始了朝夕相处的生活。我们已经很久很久未能朝夕相处了。那些年，我们总是断断续续地见面，匆匆地相聚，又匆匆地离别，渐渐地，我们之间的感情变得浅淡起来，生疏起来。而我总是被千头万绪的事情纠缠着、困扰着，无法静心思考我们之间的关系。见了面，我只是从物质上满足你，甚至想通过这些物质讨好你。我心里永远潜藏着内疚和不安。想到不能与你朝夕相处，想到你身边不能有爸爸的身影随时相伴，我觉得你是一个很不幸的孩子——每逢这个时候，我的心里酸酸的，眼睛会变得潮湿。然而，我没有办法改变这样的状况。因为毁坏了的，就只能永远毁坏了。当我看着你小小的身影渐渐远去时，我只能自己安慰自己：你大了，会懂的。

没想到，事情突然改变了——你妈妈要去远方了，你必须回到我的身边。

你的姐姐冬冬向我描述了一次开家长会的经过。那次家长会正赶上我在外地，由冬冬代我去开。当时正是美国大学休假的时间，她在北京替我照料你。事后，她激动万分、绘声绘色地向我描述了当时的情景："我刚到达校门口，就有几个孩子迎上前来问：'你是曹西蒙的姐姐吗？'我说：'是呀。'其中一个孩子说：'果然是。'我问他们：'你们怎么知道我是曹西蒙的姐姐？'他们说：'蒙哥说了，最好看的那个女孩就一定是我姐姐。姐姐，从这一刻起，你就尽管吩咐我们。蒙哥委托我们来照料你的，他布置会场去了。'一路上，他们不住地向我夸奖'蒙哥的为人和种种美德'。我对他们说：'你们一定是曹西蒙的死党，就只知道给他涂脂抹粉。'他们一副受了冤枉的神态：'姐，不是啦，我们说的都是事实。'到了那儿我才知道，这不是一次全体家长会，而是为解决班上一场同学之间的纷争而召开的，去的只是有关孩子的家长。我们家蒙蒙是这场纷争的主要人物。我们蒙蒙真棒！开会不久，他就第一个站起来发言，主动承担责任，并且将本不该由他承担的责任，也都揽到了自己的身上。太棒了，我们蒙蒙真是太棒了！……"冬冬对我说："舅舅，你完全没有必要担心蒙蒙，他是一个很出色的孩子。"我知道你冬冬姐之所以如此激动，如此不留余地地赞美你，正是因为她曾和爸爸一样在为你焦虑。不仅是冬冬姐，你的虎子哥哥、华子姐姐、二子哥哥、越越姐姐，都和爸爸一样曾为你焦虑过。现在，他们也开始和爸爸一样，在放松，在用别样的眼光打量你。

当然，你自己也在改变。你已经知道克制自己的脾气，已经知道在某些时候做出必要的退让。爸爸已经可以与你对话了，尽管这样的对话并不多，也不够推心置腹。但我们毕竟开始了对话。爸爸也学会了克制自己的脾气，做出必要的退让。当我们之间无时无刻不在的紧张得到缓解，当你一天天地变得快乐并在不断成长时，爸爸觉得带你来到这个世界上，真是一件非常好的事情。爸爸写过很多得意的作品，也许，你才是我最得意的作品。

现在，当我想起最初接管你时那种坐卧不安的焦虑，就会觉得不必要。我为我对你的行为总是不假思索地反感和指责，感到非常抱歉。爸爸愿意对自己的粗暴深刻反省，并愿意诚恳地向你道歉。

儿子，鲜亮的青春才刚刚开始光顾你。从今以后，你生命的光彩会迷倒无数人。长大吧，不住地长大，爸爸愿意哄着你。

2014年5月18日于北京大学蓝旗营

　　在这封信里，我们忘却了曹文轩身为作家的笔法结构，他只是以一位父亲的口吻在与儿子对话，毫无矫饰。作者讲述了自己对儿子看法的改变，儿子已经从不懂得克制脾气的小孩成长为懂得担当的小男子汉，这让他非常欣慰。作者也意识到自己以往的粗暴态度并诚恳道歉，也表达出对孩子未来的万般期待。在成长路上有时需要家长和孩子共同成长，请小朋友们想一想，有没有想对爸爸妈妈说的一些心里话，不妨通过写信的形式表达出来。

写信悄悄说

严歌苓给父亲的信

严歌苓

亲爱的爸爸：

昨晚到达阿布贾（Ａbuja）时，发现我们的飞机是这个首都机场唯一的降落者，可见此地的寥落。停机坪上可以开荒，一群不知名的黑鸟（不是乌鸦）扑向尚未发光的月亮。美国大使馆的住宅区离机场有一小时的车程，到达住处已很晚，正好邻居送来意大利面和蔬菜色拉，吃过就休息了。

清晨醒来，一夜暴雨停了，窗外是陌生的鸟语，这才意识到已身在非洲，真觉得不可思议。天还不全亮，坐在大门边打盹儿的非洲哨兵被我惊醒，迷蒙中礼数也是周全的："尼日利亚欢迎你！"他用带浓重乡音的英文说，眼睛非常好奇，显然中国女人在这里是少见的。游泳池其实就在我们后院，但因为找不到后门钥匙不得不从前院绕行。没走近就看见一池子艳红的落花，是被昨夜风雨扫进池内的。周围墙头上，花仍不减繁荣，并没在风雨后"绿肥红瘦"。犹豫了一会儿，决定还是下到池里，不然很难消磨这个人人睡懒觉的星期日清晨。马上就发现这是一种极难领略到的美境。潜入水中，仰脸能看见深桃红色的花瓣，盖子一样覆在水面，低头，是一池底的绿叶。什么样的原理主宰了这红与绿的沉浮，不得而知。天亮之后，满池的红花绿叶就是垃圾了，将被清洁工清理出去。

从池的另一头浮出水面，看见两只彩色蜥蜴伏在池边，一只是橘红尾巴紫灰身体，另一只有条粉红尾巴，淡赭色身体，都有七八寸长，竟然像四爪兽那样蹲坐。昨天刚下飞机，看见一条小蜥蜴还吓得惨叫，今早已能近距离地观赏它们了，可见我的生存本能足够强大。在非洲，不能与其他动物开展外交，休想生存。对了，不知这两只蜥蜴是不是我们常常说的"变色龙"？我对非洲动物的知识等于零，您常常看美国"国家地理"的"发现"频道，说不定能给我解答。不只是蜥蜴，仔细看水面上的落花，我发现不少鲜红的蜻蜓尸体，也不知它们为什么要集体投水。也许是在风暴前飞得太低，被雨打进了池内。游泳池一头朝东，一头朝西，东边是拔地而起的阿索岩，形状有些像桂林的山峰。太阳其实已升出地平线，由于阿索岩的屏障，从我的角度看，东面的天空还是太阳橙红色的投影。不知名的大树举着肥大的叶片，梢子上已经镀有亮色。一个浓艳的非洲早晨，因为它我顿时原谅了这个外交官院落不近情理的一切：宽大丑陋的房子，蠢笨的殖民时代家具，轻易就被打断的电视网络……虽然大使馆有自己的供电供水设备，昨夜还是几次断电。刚刚下飞机时，新鲜感所驱，我对来瑞说："我们在这里待三年吧！"（他的任期或两年或三年，选择在自己。）但一看到我们的房子和内部陈设，我又说："两年！最多待两年！"离开北京前，谈到安排您来尼日利亚旅行，现在我担心了：这样缺乏审美趣味、保守的室内布置，连我都吃不消，更何况您了。听说大使馆常常有当地民间艺术展销，我想买一些织片和木雕来，也许可以抵消一些装潢的平庸。在一个如此有文化特色的自然环境里，弄出如此乏味的居住环境，在我看，真是罪过。您常常说："喂肚皮容易，喂眼睛难。"而非洲是一片多神奇的土地啊，它的人民从来没有喂饱过肚皮，却从来不让自己的眼睛饥渴，并用他们生命力无限的艺术品，去喂整个人类的心灵。没有非洲的艺术，就没有毕加索。

我坐在游泳池边，面对着阿索岩，心想，人造环境的平庸，被自然环境的美丽加倍补偿了。热带的天空和阳光，热带的奇花异木，组合成的风景也那么热烈浓郁，尽管被墙头上密实的铁丝网切割碎了。我们院落的墙头上都圈有这样的铁丝网，满是倒刺，可以设想它能让逾越者刹那间皮开肉绽。正是铁丝网提醒了我，此院中的人们可能正被院外的一些人视为大敌，七点刚过，来瑞穿着游泳裤来了。我提议早餐就开在池边，他欣然同意。我回家煮了一大壶咖啡，又烤了法式牛角面包，用托盘端到池边的小桌上。我对来瑞说："好吧，就在这里住三年吧。"他太了解我了，因此他听出了这句话的真意：他把它当作"我现在很快乐"来听。他明白我每一分钟的情绪都可能左右我的决定，而这个决定是不能当真的，他吃亏就吃亏在他已经太当真了。但他情绪昂扬起来，乐意接受我这一分钟的决定。

　　上午来瑞的同事上门来展示他的车。一辆八成新的银色"SUBARU"越野车，非常漂亮，正是我喜欢的一种。他马上要离任，急于出售他的车。美国外交官都是相互买卖车辆，因为他们不能确定下一个国家是否允许带车进入，或者，那个国家的车是左方向盘还是右方向盘。有了车，我就能真正地深入非洲，去走访二百多个讲不同语言的部落，去大象、狮子徜徉的野生动物园。对于您这位非洲迷，我的信不知会不会让您失望。也许我的第一印象不够公道，等有了进一步感受我再给您写吧。

 牵手阅读

严歌苓以刚柔并济且极度凝练的语言，向父亲描述了自己初到非洲的见闻。本文以时间为轴，徐徐向前推进。在清晨一段，作者描绘了当地哨兵的语言、神态、动作，生动形象地展现了作为异国之客的陌生与新奇之态，而后对于落花的描写充满了中国韵味的诗情画意，与非洲风情形成风格碰撞，令人震惊。随后作者描绘了在非洲生活的见闻以及艰苦的生活环境，展现了外交官生活的辛苦与不易。本文虽是写给父亲，但作为读者也能感受到作者的诙谐、乐观、诗意。如果有机会，你愿意成为一名外交官吗？你了解哪些外交知识呢？

　　小学版《语文第二课堂》自2019年出版后，得到读者的广泛好评，为配合市场需求，我们在《语文第二课堂》基础上，根据专家和读者的反馈定制了这一拓展阅读版。这套图书得到了许多作者和译者的帮助，在此一并致谢。部分文章因编选的需要，做了删改，特此说明。虽经多方努力，仍有部分版权所有人未能于出版前取得联系，我们将委托中国文字著作权协会代转稿酬及样书，联系电话：010-65978917。